KVP im Team
Zielgerichtete betriebliche Verbesserungen mit Small Group Activity (SGA)

von
Maarten de Groot
Bert Teeuwen
Marco Tielemans

Übersetzung aus dem Niederländischen mit freundlicher Genehmigung von
Blom Consultancy bv, Heuvel, 5737 BX Lieshout (NL)

CETPM Publishing, Ansbach

Schriftenreihe "Operational Excellence"
Herausgegeben von Prof. Dr. Constantin May, Fachhochschule Ansbach

Bisher in dieser Reihe erschienen:

Nr. 1: May, C.; Schimek, P.: Total Productive Management. Grundlagen und Einführung von TPM - oder wie Sie Operational Excellence erreichen. ISBN: 9-783940-775-00-9

Nr. 2: De Groot, M.; Teeuwen, B.; Tielemans, M.: KVP im Team. Zielgerichtete betriebliche Verbesserungen mit Small Group Activity (SGA). ISBN: 9-783940-775-01-6

Nr. 3: Blom: Schnellrüsten: Auf dem Weg zur verlustfreien Produktion mit Single Minute Exchange of Die (SMED). ISBN: 9-783940-775-02-3

Nr. 4: Glahn, R.: World Class Processes - Rendite steigern durch innovatives Verbesserungsmanagement – oder wie Sie gemeinsam mit Ihren Mitarbeitern betriebliche Prozesse auf Weltklasseniveau erreichen. ISBN: 9-783940-775-03-0

Copyright ©2008
CETPM Publishing, FH Ansbach, Residenzstraße 8, D-91522 Ansbach
Tel.: +49 (0) 981/4877-165, http://www.cetpm-publishing.de

Grafikdesign: Debbie Heijnemanns
Druckaufbereitung: Rainer Imschloss
Illustrationen: Ad Oskam
Übersetzung: Prof. Dr. Constantin May
Lektorat: Christel May
Druck und Bindung: Hubert&Co, Göttingen

Alle Rechte vorbehalten.
Dieses Werk einschließlich aller seiner Teile ist urheberrechtlich geschützt. Jede Verwertung außerhalb der Grenzen des Urheberrechtsgetzes ist ohne Zustimmung des Verlages unzulässig und strafbar. Das gilt insbesondere für Vervielfältigungen, Übersetzungen, Mikroverfilmungen und die Einspeicherung und Verarbeitung in elektronischen Systemen. Die Wiedergabe von Gebrauchsnamen, Handelsnamen, Warenbezeichnungen usw. in diesem Werk berechtigt auch ohne besondere Kennzeichnung nicht zu der Annahme, dass solche Namen im Sinne der Warenzeichen- und Markenschutzgesetzgebung als frei zu betrachten wären und daher von jedermann benutzt werden dürften.

ISBN: 9-783940-775-01-6

Vorwort

Wir sind stolz, unsere erste Praxisanleitung für eine spezielle Technik im Bereich KVP (Kontinuierlicher Verbesserungsprozess) präsentieren zu können.
In den folgenden Jahren dürfen Sie weitere Veröffentlichungen in dieser Reihe erwarten.

Ich wünsche Ihnen angenehme und erfolgreiche SGAs!

Ton Aerdts
Direktor von Blom Consultancy

Als die gebeutelte japanische Wirtschaft nach dem 2. Weltkrieg nahezu von neuem begann, entschied der Gouverneur von Japan, General Mc Arthur den Statistiker Dr. William Edward Deming zur Unterstützung zu holen, der zuvor in Amerika dazu beigetragen hatte, die Produktion der Kriegsindustrie zu steigern.
Demings Methode war überraschend einfach. Er machte die Qualität eines Produktes sichtbar, indem er Kontrolltafeln an die Wand hinter den Arbeitsplatz der Bediener der betroffenen Maschinen hing. Dann etablierte er etwas, was er „Qualitätszirkel" nannte – eine Gruppe von Leuten, die alle etwas mit dem Produkt zu tun hatten und darüber sprachen, wie sie die Qualität verbessern und die Produktivität steigern konnten. Es zeigte sich, dass die Leute, die den eigentlichen Job an den Maschinen machten, die besten Ideen hatten.
Dies führte zu dem wirtschaftlichen Erfolg der uns allen bekannt ist. Die Einführung von Demings Zyklus (Plan-Do-Check-Act) garantierte, dass die Leute nicht von einer Lösung zur anderen sprangen, sondern dass sie zuallererst sorgfältig nachdachten und miteinander über die möglichen Lösungen sprachen bevor eine schließlich umgesetzt wurde.

Ichikawa, ein japanischer Statistiker der für sein „fish bone diagram" (Fischgrätendiagramm) berühmt wurde, modifizierte später den Deming Zyklus, indem er ihn in sieben Schritte unterteilte. Ein achter Schritt wurde im Lauf der Zeit noch hinzugefügt. Diese Methode setzte sich zunehmend auch als Technik zur Lösung anderer Problemtypen durch. Die Leute begannen diese Methode „Small Group Activity", kurz SGA, zu nennen.

In meiner Funktion als der erste Produktionsdirektor der 1984 neu gegründeten Firma Fuji Photo Film B.V. in Tilburg (NL), war ich natürlich sehr daran interessiert zu sehen, wie die Japaner uns eine Methode beibringen würden, die mehr japanisch als westlich war. Der Präsident Mr. Ohnischi machte mir allerdings klar, dass die Firma eine niederländische Firma werden musste und kein japanischer Klon.

Mit einer Gruppe von Maschinenführern und Managern bin ich in Japan gewesen, wo wir eine große Menge an technischem Wissen über die Herstellung photographischen Materials erwarben. Aber das Hauptaugenmerk unseres Besuches lag auf der Einführung von 5S, TPM und insbesondere Small Group Activity. Small Group Activity ist extrem effektiv. Ich nenne sie manchmal die Geheimwaffe für Weltklasseproduktion.

Abschließend möchte ich festhalten: „Ohne SGA wird Ihr Unternehmen niemals Weltklasseformat erreichen".

S.J. Blom
Gründer von Blom Consultancy

Inhaltsverzeichnis

1	Einführung in Small Group Activity	9
1.1	Ziele fokussieren als menschliches Bedürfnis	10
1.2	Strukturierte Problemlösungen mit dem PDCA-Kreis	12
1.3	Anwendung von SGAs in verschiedenen Bereichen	14
2	Wie Sie das Beste aus Ihrem Team herausholen	15
2.1	Die Gruppengröße	16
2.2	Die Rollenverteilung	17
2.3	Die Rolle des SGA-Leiters	17
2.4	Die Rolle des Auftraggebers	22
2.5	Die Rolle der SGA-Mitglieder	24
3	Der PDCA-Kreis	27
3.1	Schritt 1 – Themenauswahl	27
3.2	Schritt 2 – Zielbestimmung	31
3.3	Schritt 3 – Problemanalyse	33
3.4	Schritt 4 – Lösungsfindung	38
3.5	Schritt 5 – Ausarbeitung eines Einführungsplans	40
3.6	Schritt 6 – Umsetzung des Einführungsplans	42
3.7	Schritt 7 – Ergebnismessung	43
3.8	Schritt 8 – Standardisierung des Ablaufs	44
4	Der Kommunikationsprozess	47
5	Den Erfolg feiern	51
6	Die Stärken der SGA-Methode	53
6.1	World Class Team 2004: Halbierung der Reinigungszeiten bei Nutricia Zoetermeer	54
6.2	St. Elisabeth Hospital bewältigt postoperative Beschwerden	57
Anhang 1	Brainstorming	61
Anhang 2	Pareto - Diagramm	63
Anhang 3	5W-Analyse	65
Anhang 4	Fischgrätendiagramm	67
Anhang 5	Das Flussdiagramm	69
Anhang 6	Die Karteikarte	71
Anhang 7	Diagramme	73
Anhang 8	Ist / Ist nicht	75
	Stichwortregister	77

1. Einführung in Small Group Activity

Ein Schwerpunkt im Japan der 70er Jahre, war die Verbesserung der Qualität von Produkten und Dienstleistungen. Arbeitsgruppen trafen sich regelmäßig, um sich die Techniken der statistischen Qualitätskontrolle anzueignen und um zu lernen wie man sie benutzt.

Diese Arbeitsgruppen entwickelten sich weiter bis hin zu Verbesserungsgruppen, die sich mit der Lösung spezifischer Qualitätsmängel oder anderer Probleme in ihrem Arbeitsumfeld befassten. Für solche Kleingruppenaktivitäten im Rahmen eines kontinuierlichen Verbesserungsprozesses hat sich international der Begriff Small Group Activity eingebürgert. Auf die Verwendung des deutschen Begriffs wird daher im Folgenden verzichtet. Zur besseren Lesbarkeit wird Small Group Avtivity im restlichen Teil des Buches mit SGA abgekürzt.

SGA

Seit der Entwicklung von SGA in Japan hat sich die Methode stark verbreitet. Man findet SGA-Teams überall auf der Welt, in großen Produktionsfirmen und in Dienstleistungsunternehmen. Die Teams werden aber nicht immer mit SGA bezeichnet - andere Namen sind z. B. Qualitätszirkel, Qualitätsgruppen, Unternehmenszirkel oder KVP-Teams.

Das Wesentliche
Der Fokus von SGA liegt auf der Lösung von Problemen in einer relativ kurzen Zeit. Die Mitglieder einer SGA haben alle direkt oder indirekt Einfluss auf das Problem. Bei der Lösung eines Problems arbeiten die Mitglieder der SGA-Gruppe in strukturierter Weise zusammen. Dieser strukturierte Ansatz zwingt die Mitglieder der SGA, die Grundursache zu berücksichtigen, bevor sie über Lösungen nachdenken. Der Ansatz bietet auch verschiedene Techniken, die den SGA-Mitgliedern helfen, das Problem zu beschreiben, zu untersuchen und zu lösen.

Der Umgang mit Problemen am Arbeitsplatz durch eine SGA spornt die Mitarbeiter an und hat einen starken Motivationseffekt. Durch den Einsatz eines SGA-Teams wird Wissen, Erfahrung und Kreativität der Mitarbeiter in allen Ebenen einer Organisation effektiv genutzt. Dies führt zu Verbesserungen sowohl in der Qualität der Produkte und Dienstleistungen als auch in der täglichen Arbeit jedes Einzelnen. SGAs sind damit für die Unternehmen und deren Mitarbeiter von Nutzen. Der SGA-Ansatz basiert auf dem folgenden Prinzip: Verbesserungen, die von Mitarbeitern vorgeschlagen werden, werden eher akzeptiert, als solche, die von oben durchgedrückt werden. Neben einer freiwilligen und umfassenden Akzeptanz der Verbesserungen, identifiziert sich die Mitarbeitergruppe mit den Problemen und den Verbesserungen, sie erlangen die Eigentümerschaft darüber.

Eigentümer-schaft

1.1 Ziele fokussieren als menschliches Bedürfnis

praktisches Beispiel

Es bestehen Probleme mit der Kartonzuführung einer Verpackungsmaschine. In der Verpackungsmaschine entsteht eine Stauung infolge einer Wölbung des Kartons. Der Bediener zieht einen erfahrenen Kollegen hinzu, der ihn davor warnt, die Kartons über das Knie zu biegen, bevor er sie in den Einzug legt - Problem gelöst.

Jeder kann ein Beispiel wie dieses zitieren. Warum treten Menschen sofort in Aktion, ohne vorher über das Problem nachzudenken? Es liegt in der Natur des Menschen sich auf das gewünschte Ergebnis zu konzentrieren. Infolgedessen erreicht die Analyse des Problems nicht immer die Beachtung die notwendig wäre. Dies kann sich durch Gruppenarbeit noch verstärken. Wenn man im Team arbeitet, tendiert jeder dazu, die von ihm gefundene Lösung als die Beste anzusehen. Das Problem ist deswegen noch nicht behoben, was oft zu Pseudolösungen führt. Eine Pseudolösung beseitigt die Ursache des Problems nicht, sondern kuriert lediglich die Symptome. Früher oder später kehrt das eigentliche Problem zurück. In den meisten Fällen werden weitere Pseudolösungen gefunden, was wiederum nicht zur Eliminierung der Ursache führt. Diese Prozedur kann endlos wiederholt werden.

Pseudolösungen

Behandlung von Symptomen

Ein praktisches Beispiel dafür aus einem Industriebetrieb zeigt, dass, obwohl alle Ausfälle an den Maschinen behoben werden, die Anzahl der Ausfälle konstant bleibt. Bewohner eines Pflegeheimes erhalten sofort Hilfe bei einem Sturz, aber die Anzahl der Stürze ist gleich geblieben. Die Ursache des Problems selbst ist nicht gelöst, sondern nur die Auswirkung des Ereignisses. Dies ist nur vergebliche Liebesmühe und schlussendlich Zeitverschwendung.

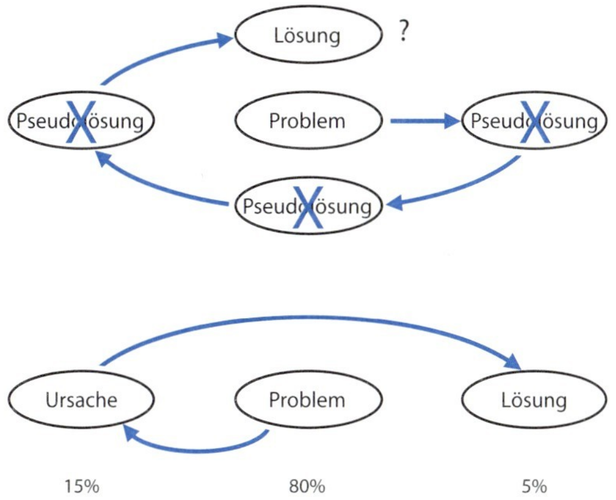

Abb. 1: Zeit, die in die Problemlösung gesteckt wird

„Warum hat es den Anschein, dass immer genug Zeit zur Verfügung steht wiederkehrende Probleme zu lösen, aber nie genügend Zeit vorhanden ist, nach strukturierten Lösungen zu suchen?"

Ein strukturierter Ansatz Probleme zu lösen, startet mit einer gründlichen Analyse des Problems. Das ist die zeitaufwändigste Phase im gesamten Ablauf. Im Allgemeinen wird die Ursache im Rahmen der Analyse identifiziert. Ist die Ursache einmal bekannt, ist die Lösung oftmals naheliegend. Die Lösung zu finden nimmt demnach am wenigsten Zeit in Anspruch, wie in Abbildung 1 dargestellt.

1.2 Strukturierte Problemlösungen mit dem PDCA-Kreis

Optimierungs-kreislauf

PDCA - Kreis

Die SGA-Methode basiert auf dem PDCA-Kreis. Der Optimierungskreislauf gibt die Struktur vor und hilft dadurch den Teilnehmern der SGA das Problem zu lösen, an dem sie gerade arbeiten. Mit diesem strukturierten Ansatz können die SGA-Teilnehmer das Problem effektiv, lösungs- und aktionsorientiert abarbeiten. Das Wesentliche des Optimierungskreislaufes ist von Demings PDCA-Zyklus abgeleitet (vgl. Abbildung 2). PDCA steht für „plan", „do", „check" und „act" bzw. im Deutschen für „Planen", „Durchführen", „Checken" und „Agieren".

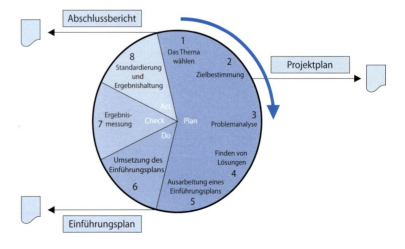

Abb. 2: Der PDCA-Kreis

Die vier Schritte des Optimierungskreislaufes werden im Folgenden kurz beschrieben.

Plan

Plan-Phase

Die Planungsstufe des PDCA-Kreises führt zu einem eindeutig beschriebenen Projekt, das bearbeitet werden soll (Problembeschreibung), in eine genau formulierte Zielbeschreibung (Problemanalyse), zu einer durchdachten Lösung für das Problem und zu einem Plan zur Einführung dieser Lösung. Um dieses Ziel zu erreichen, arbeitet die SGA fünf Schritte ab. Im ersten Schritt wählt das Team den Bearbeitungsgegenstand aus. Im zweiten Schritt identifiziert das Team die Größenordnung des Problems und formuliert das Ziel, das es erreichen will, z. B. Reduzierung der Ausfallzeit um 50% oder Reduzierung des Bestands um 20%.

Im dritten Schritt wird eine Auswahl von Analysewerkzeugen genutzt, um die Ursachen des Problems zu ermitteln. Sind die Hauptursachen bekannt, kann das Team mit Schritt vier fortfahren: Lösungen vorschlagen. Wenn eine Lösung zum Abstellen der Hauptursachen gefunden wurde, erarbeitet das Team einen Einführungsplan in Schritt fünf. Das SGA-Team schließt die Planungsphase nur dann ab, wenn der Einführungsplan durch den Auftraggeber genehmigt wurde.

Do

Do-Phase

Wenn die Planungsstufe abgeschlossen ist, wechselt das SGA-Team zu Schritt sechs, zur Umsetzung des Einführungsplanes. In der „Do"-Phase bezieht das SGA-Team soweit notwendig Externe in die Umsetzung mit ein. Das Team selbst kontrolliert den Fortschritt und greift im Fall von Verzögerungen oder Rückschlägen ein.

Check

Check-Phase

Das Messen der Ergebnisse, die durch die Einführung von Verbesserungen erzielt wurden, erfolgt im Schritt sieben. Diese Ergebnisse werden mit dem erwarteten Ziel aus Schritt zwei verglichen.

Act

Das Wichtigste jeder Verbesserung ist nicht, es einmalig richtig zu machen, sondern das Richtige beizubehalten. So folgt am

Ende Schritt acht, die Dokumentation und die Implementierung der Standards in die tägliche Arbeit. Das SGA-Team entwickelt diese Standards und stellt sicher, dass all diejenigen, die betroffen sind mit den neuen Standards vertraut werden und sie in der täglichen Arbeit umsetzen.

Eine detaillierte Beschreibung der acht Schritte des Optimierungskreislaufes folgt in Kapitel 3.

1.3 Anwendung von SGAs in verschiedenen Bereichen

Das Konzept eines strukturierten Ansatzes zur Problemlösung durch den Einsatz von SGAs entstand ursprünglich im produzierenden Gewerbe. Unterdessen gibt es eine Vielzahl von Beispielen erfolgreicher SGAs aus unterschiedlichen Bereichen, wie zum Beispiel aus dem Pflegesektor und der öffentlichen Verwaltung. In diesem Fall wird die Aufgabe zur Problemlösung häufig an externe Sachverständige vergeben. Dabei kann ein Mitarbeiterstab, ein Interimsmanager oder ein externer Consultant mit der Verbesserung beauftragt werden.
Am besten ist es, wenn die Mitarbeiter, die täglich mit diesen Prozessen betraut sind in einem Interview nach ihrer Meinung gefragt werden. Auch wenn die Qualität der erarbeiteten Lösungen hoch ist, können sie in der täglichen Praxis nicht immer adäquat umgesetzt werden, denn die Mitarbeiter, die mit diesen Prozessen arbeiten müssen, haben die Lösungen nicht selbst erarbeitet.
SGA ist eine hervorragende Methode, welche es den Beteiligten erlaubt, die Verlustquellen in „ihren" Arbeitsprozessen selbst zu beseitigen.

Dieses Buch beschreibt Situationen aus der Praxis unterschiedlicher Bereiche, den Pflegebereich eingeschlossen. Abschnitt 6.2 enthält ein praktisches Beispiel vom St. Elisabeth Krankenhaus in Tilburg.

Pflegesektor, öffentliche Verwaltung

2. Wie Sie das Beste aus ihrem Team herausholen

Der Erfolg eines Optimierungsteams ist im Wesentlichen von der Vorbereitung abhängig. Ist das Projekt geeignet? Wurden die richtigen Personen für das Team ausgewählt? Wie sind die Rollen verteilt? Ist die Größe der Gruppe passend?

Der Auftraggeber eines Projektes, auch Projektsponsor genannt, muss sich zuerst selbst fragen, warum er das vorhandene Problem mit einem SGA-Team lösen will. Es ist die Frage zu klären, warum er sich eher für die Herangehensweise im Team entscheidet, als den Auftrag einer Einzelperson zu geben.

Ringelmann

Die Problemlösung im Team bringt nicht zwangsweise bessere Resultate. Ringelmann, ein französischer Agraringenieur, führte 1913 Tests durch, indem er Personen gegeneinander Tauziehen ließ. Er maß die Zugstärke jedes Einzelnen und dann, wenn sie als Team zogen. Einzeln wurden im Durchschnitt 63 kg gezogen. Je mehr Personen zur selben Zeit an dem Tau zogen, desto mehr nahm die Leistung jedes Einzelnen ab. In einer Gruppe von acht Personen fiel die durchschnittliche Zugstärke von 63 kg auf 31 kg pro Person ab! Ohne die Einführung spezieller Maßnahmen arbeiten Menschen in einer Gruppe weniger hart als einzeln (vgl. Abbildung 3).

Teamarbeit ist nicht immer besser. Jedoch kann es oft effektiver sein, ein Problem im Team zu bearbeiten. Viele Themen sind zu komplex um von einer einzelnen Person bearbeitet zu werden. Darüber hinaus eröffnet die Einbeziehung von Personen unterschiedlicher Abteilungen ein weites Feld an Wissen und

Erfahrung. Die Lösungen, die von Teams erarbeitet werden, sind auch leichter zu akzeptieren; in erster Linie von den Teammitgliedern selbst, aber auch von den Abteilungen, die sie vertreten.

Die Wirksamkeit einer Lösung (E) ist ein Produkt der Qualität der Lösung (Q) und ihrer Akzeptanz bei den Beteiligten (A). Dies kann in einer Formel ausgedrückt werden: $E = Q \times A$.

Ein weiterer Grund ein Team einzusetzen kann darin liegen, dass der Projektsponsor es als wichtiges Ziel ansieht, die Erarbeitung von Verbesserungen im Team zu lernen. Der Projektsponsor muss allerdings bedenken, dass die Übertragung einer Aufgabe, deren Lösung offensichtlich ist, nicht zu einem motivierten Team führen kann.

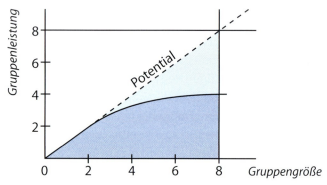

Abb. 3: Der Ringelmannn Effekt

2.1 Die Gruppengröße

Ideale Gruppengröße

In einigen Meetings sitzen mehr als zehn Personen um den Tisch. Solche Meetings werden normalerweise von einigen wenigen Personen dominiert. Die anderen Teilnehmer bringen sich nicht ein. Sie folgen dem Meeting, nehmen aber nicht aktiv daran teil. Je größer die Gruppe desto weniger wahrscheinlich ist es, dass alle Mitglieder aktiv daran teilnehmen werden. Optimierungsteams, in denen alle Teilnehmer aktiv ihr Wissen und ihre Erfahrung einbringen, haben nicht mehr als sieben Mitglieder.

Tipp! SGA-Teams haben mindestens vier und maximal sieben Teilnehmer.

2.2 Die Rollenverteilung

GLCPPG Modell

Mitarbeiten heißt zusammen zu arbeiten um ein bestimmtes Ziel zu erreichen. Das GLCPPG Modell beschreibt die Komponenten, die bei der Zusammenarbeit zur Erreichung eines Zieles, erforderlich sind.

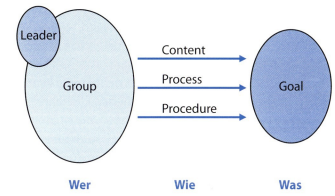

Abb. 4: Das GLCPPG Modell

„Goal" ist das Planziel, das die Gruppe zusammen erreichen will.
„Content" ist die detaillierte Diskussion und Bearbeitung aller Parameter zum ausgewählten Problem, d. h., der Austausch von Fakten und Erfahrungen bezüglich des Problems.
„Process" beschreibt die Interaktion im Team: hören wir uns gegenseitig zu, unterstützen wir uns gegenseitig, herrscht eine offene oder geschlossene Atmosphäre, sind wir sicher, dass das, was wir tun sinnvoll / zielführend ist, beteiligt sich jeder aktiv, hält jeder das ein, was gemeinsam beschlossen wurde, haben sich Untergruppen gebildet?
„Procedure" ist die Rollenverteilung innerhalb des Teams, das Abarbeiten / Einhalten der acht Schritte des Optimierungskreislaufs, Ablaufpläne, Zeitpläne und die Aufgabenverteilung.
Das Modell unterscheidet zwischen den Aufgaben der Teammitglieder (Group) und der Aufgabe des Teamleiters (Leader).

2.3 Die Aufgabe des SGA-Leiters

SGA-Leiter

Der SGA-Leiter stellt sicher, dass das Optimierungsteam das Ziel nicht aus den Augen verliert. Er richtet seinen Schwerpunkt auf „Process" und „Procedure".

Steuerung der Teamentwicklung

Der SGA-Leiter kann die Entwicklung und Entscheidungsfähigkeit des Teams in hohem Maß beeinflussen. Wenn eine Gruppe von Individuen sich zu einem Team zusammenschließt, passieren verschiedene interessante Dinge. Vom ersten kennen lernen bis zur Ergebnispräsentation durchläuft ein Team einen gewissen Entwicklungsprozess. Wenn ein Team gebildet wird, tasten sich die Mitglieder vorsichtig aneinander heran. Die Atmosphäre kann dabei leicht angespannt oder sogar verkrampft sein. Die Teammitglieder lernen sich allmählich gegenseitig kennen, wobei im Verlauf Reibungspunkte entstehen können. Es entwickeln sich wechselseitige Bindungen, die wiederum zu Konflikten führen können. Das Team kann ruhiges Fahrwasser erreichen, indem es für alle gültige Regeln für die Zusammenarbeit festlegt. Meinungsverschiedenheiten werden anerkannt und geschätzt. Die Gruppe gibt sich einen Satz von „Hausregeln" – geschriebenen oder ungeschriebenen. Und wenn die Kreativität des Teams richtig genützt wird, wird es letztendlich seine beste Leistung erreichen. Mit zunehmender Energie orientiert sich das Team am gemeinsamen Ziel. Jedes Team wird dieses Verhaltensmuster oder Variationen davon zeigen.

Der SGA-Leiter kann dem Team helfen, sich positiv zu entwickeln. Er kann zum Beispiel die Entwicklung dadurch beschleunigen, dass er den Teammitgliedern ermöglicht, sich während einer Einführungsbesprechung besser kennen zu lernen. Zudem kann er passende Voraussetzungen für die Zusammenarbeit schaffen, indem er eindeutige Vorgaben macht. Direkt nach dem Start sollte der SGA-Leiter verdeutlichen, was seine Zielvorgabe ist. Er sollte klar stellen, dass die aktive Teilnahme von jedem notwendig ist: „Wir sind gemeinsam für die Zielerreichung verantwortlich."

Steuerung des Prozesses

praktisches Beispiel

Es besteht eine lebhafte Diskussion innerhalb des SGA-Teams hinsichtlich der Informationsbeschaffung und der Kommunikation zwischen den Abteilungen eines Krankenhauses. Verschiedene Begebenheiten und Beispiele aus der Vergangenheit führen zu einer großen Anzahl von Problemen, Ursachen, Gegenpositionen, Vorwürfen, Lösungen und Konzepten. Der SGA-Leiter unterbricht und stellt fest, dass der gewohnte Diskussionsstil kein Ergebnis bringen wird. Er schlägt vor, den Prozess zu visualisieren. Der Prozess wird auf einem großen Blatt Papier, das an der Wand befestigt ist, dargestellt. Das Problem ist im wahrsten Sinne des Wortes „an die Wand genagelt" und damit separiert. Erst jetzt kann sich das Team auf die Verbesserung des Prozesses konzentrieren und ist im Stande, gemeinsame Lösungen zu kreieren. Durch die gemeinsame Prozessbearbeitung gewinnt man mehr Einblick und Überblick in das, was die unterschiedlichen Teilnehmer in der Prozesskette benötigen, um ihre Arbeit erfolgreich auszuführen.

Die ideale Gruppengröße für eine SGA sind vier bis sieben Teilnehmer. Nehmen wir an, nur zwei der sieben Teilnehmer bestreiten den Großteil der Diskussion. Und nehmen wir weiter an, dass diese zwei Personen auch fest definierte Auffassungen haben. Sie scheinen die Lösung des Problems, an dem das SGA-Team gerade arbeitet, bereits zu wissen. Ist es nicht an der Zeit, dass wir uns dem anschließen? Es ist nicht schwer zu erraten, welche Auswirkung dieses dominierende Verhalten der beiden Teammitglieder bewirkt: Es ist demotivierend und die anderen Teammitglieder werden das Interesse verlieren.
Der SGA-Leiter besitzt die Qualifikation sicher zu stellen, dass alle Gruppenmitglieder gleichberechtigt mitarbeiten. Er kann ineffektive Gruppendynamiken klar erkennen und beeinflussen um alle Teammitglieder am Erfolg zu beteiligen. Durch sein Eingreifen in o.a. praktischem Beispiel hat der SGA-Leiter alle Beteiligten zu einer aktiven Mitwirkung ermutigt.

Beim Steuern des Kommunikationsprozesses wählt der SGA-Leiter zwischen zwei Strukturen: der Stern- und der Radstruktur (vgl. Abbildung 5).

Sternstruktur   In der Sternstruktur ist der Leiter in der Mitte positioniert und der gesamte Kommunikationsprozesses läuft über ihn. Die SGA-Teammitglieder haben wenig direkten Kontakt. Diese Struktur ist manchmal notwendig, um alle Gruppenmitglieder zwischen den Besprechungen zu informieren. Manchmal ist dies auch während einer Besprechung sinnvoll, nämlich dann, wenn der Leiter eine schnelle Entscheidung oder einen schnellen Informationsaustausch anstrebt.

Radstruktur

In der Radstruktur nimmt der SGA-Leiter eine weniger aktive Rolle ein und beteiligt sich nicht an den aktuellen Diskussionen. Die Gruppe befindet sich im Beratungsmodus und „alle Leitungen sind offen". Offene Diskussionen dieser Art können durch den SGA-Leiter zum Abschluss in die Sternstruktur überführt werden, um die Ergebnisse zusammenzufassen. Ein erfahrener SGA-Leiter weiß, wie man die Stern- und Radstruktur im richtigen Moment effektiv nutzt.

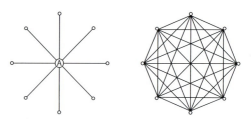

Abb. 5: Stern- und Radstruktur

Werkzeuge für eine verbesserte Zusammenarbeit

Der SGA-Leiter hilft dem Team die Schritte des Optimierungszyklus zielgerichtet auszuführen. Während dieser Zeit wird sich das Team öfter fragen: Was ist unsere Aufgabe? Was ist unser Ziel? Welche Verluste werden wir angehen?

Nutzung von Werkzeugen

Genau wie ein Tischler, der immer den richtigen Hammer braucht, braucht ein SGA-Team eine Anzahl von Werkzeugen. Die korrekte Nutzung dieser Werkzeuge verbessert die Zusammenarbeit und steigert die Effektivität der Lösungen.

Das Team wird in verschiedenen Techniken geschult, z. B. Beobachten, Zuhören und Fragen stellen. Der SGA-Leiter unterstützt das Team bei der Anwendung dieser (neu erworbenen) Fähigkeiten.

Berichterstattung

Der SGA-Leiter ist die Informationsquelle für den Auftraggeber. In regelmäßigen Abständen berichtet er über den Fortschritt der SGA. Der Auftraggeber trifft sich mit dem Team an drei festen Terminen: Zum Projektstart, bei der Präsentation des Einführungsplans und bei der Abschlusspräsentation. Diese Anlässe werden in Kapitel 4 ausführlich behandelt.

Regeln vereinbaren und einhalten

Teamabsprache

Eine weitere Aufgabe des SGA-Leiters ist es sicherzustellen, dass die Gruppe für sich als Team klare Regeln aufstellt. Wann werden wir uns treffen? Handys aus? Wer führt das Protokoll? In welchen Abständen treffen wir uns? Wie erfolgt die gegenseitige Information? Wie stellen wir sicher, dass wir den Zeitplan einhalten?

Hände weg vom Inhalt

Der SGA-Leiter konzentriert sich wie gesagt auf den Ablauf (Process) und die Methoden (Procedure).

Aber wie verhält er sich, wenn er Experte im aktuellen Fachgebiet ist? Die Versuchung sich fachlich einzubringen ist eine Falle für den SGA-Leiter. In der Folge kann er die Führung des Ablaufs und der Methoden verlieren. Sollte der SGA-Leiter in seiner alltäglichen Arbeit eine Führungsfunktion innehaben, könnten es auch passieren, dass die Teammitglieder die vorgeschlagenen Lösungen des SGA-Leiters gedankenlos übernehmen.

Stufen des GLCPPG Modells	Aufgaben des SGA-Leiters während der Besprechungen
Content	• Keine Beiträge zum Inhalt • Alle Teammitglieder durch Fragen einbeziehen • Regelmäßige Zusammenfassung
Process	• Vermittler bei auftretenden Konflikten • Prozess lenken • Kontrollieren und jedem die Möglichkeit geben, Stellung zu beziehen • „Radstruktur" durchsetzen
Procedure	• Stufen des Optimierungszyklus einhalten • Klare Verbindlichkeiten für das Team treffen • Sicherstellen, dass die Teammitglieder sich an die Vorgaben halten

Tipp! Wähle einen fachfremden SGA-Leiter, der Erfahrung mit Teamführung hat.

2.4 Die Rolle des Auftraggebers

In traditionellen Organisationen ist der direkte Vorgesetzte auch primär der „Problemlöser". Die Mitarbeiter sind es gewohnt, mit allen Problemen zum Vorgesetzten zu gehen. Dies suggeriert, dass der Vorgesetzte auch all diese Probleme löst bzw. sie überhaupt lösen könnte.

Im Gegensatz dazu wird dem SGA-Team eine Aufgabe übertragen, um dem Auftraggeber Lösungen vorzuschlagen. Wenn die Lösungen gut durchdacht und durch Fakten belegt sind, wird der Auftraggeber die Mittel zur Umsetzung bereitstellen. Das SGA-Team verwendet die Mittel und implementiert die Lösung.

Identifikation mit dem Problem

Für den Auftraggeber ist es folglich notwendig klar zu formulieren, was er will. Warum will er ein Optimierungsteam berufen und was erwartet er sich davon? Das Wesentliche dabei ist sicher zu stellen, dass das Team sich mit dem Problem identifiziert, das es gelöst haben will.

Veränderung der Abläufe

Der Auftraggeber stellt sicher, dass alle Rahmenbedingungen für eine erfolgreiche SGA gegeben sind. Dies drückt sich durch die Veränderung der Abläufe aus. Der Vorgesetzte steuert den Ablauf. Er wählt das Projekt aus oder lässt das SGA-Team ein Projekt aus einem Themenbereich auswählen, das zu den Firmenzielen passt. Abhängig vom Themenbereich sucht er die Teilnehmer für das SGA-Team aus, die mit dem Themenbereich vertraut sind. Bei der Auswahl der Teilnehmer achtet der Auftraggeber darauf, dass unter den Teammitgliedern alle Fähigkeiten vertreten sind, die zur Bearbeitung des Problems erforderlich sind. Neben Wissen und Erfahrung beinhaltet dies die Fähigkeit zusammenzuarbeiten. Der Auftraggeber stellt die notwendigen Ressourcen wie Zeit und Geld bereit und arbeitet mit dem Team an der Erstellung eines Aktionsplans, dem

Projektplan

Projektplan.

Abbildung 6 zeigt die Rückschläge die auftreten können, wenn der Ablauf von Veränderungsprozessen nicht völlig unter Kontrolle ist.

Rahmenbedingungen

Der Auftraggeber definiert den Geltungsbereich einer SGA, indem er Rahmenbedingungen festlegt. Innerhalb dieser

Grenzen kann das Team agieren. Die Lösungen, die dem Auftraggeber in Stufe Fünf vorgestellt werden, hat das Team bereits mit den Rahmenbedingungen aus dem Projektplan abgeglichen.

Beispiele für Rahmenbedingungen sind:
- Einhalten von Arbeitssicherheitsvorschriften
- Amortisationsdauer von Lösungen
- Maximalbetrag

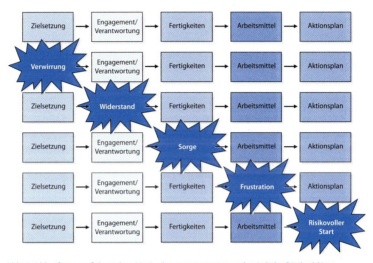

Abb. 6: Ablauf eines erfolgreichen Veränderungsprozesses und mögliche Rückschläge

Der Auftraggeber stellt Sicherheiten in Form von Ressourcen. Derjenige der die Mittel zur Verfügung stellt, kann die Vorgaben bestimmen. Der Auftraggeber bestimmt die Vorgaben in Form von Rahmenbedingungen.

Der Einfluss des Auftraggebers auf den Erfolg des Optimierungsteams beruht hauptsächlich auf einer guten Vorbereitung. Der Auftraggeber kann Lösungen, die von der Gruppe erarbeitet wurden und den vorher vereinbarten spezifischen Rahmenbedingungen entsprechen, nicht ablehnen. Um die Sicherheit zu erhöhen, dass qualitativ gute Lösungen erarbeitet werden, sollte er ein Team einsetzen, das über genügend Wissen über den Prozess verfügt und das mit guten Analysefähigkeiten ausgestattet ist. Ein klarer Projektplan mit definierten Rahmenbedingungen und ein Team mit dem Wissen und der Fähigkeit zusammenzuarbeiten, kann ein SGA-Team davor schützen sich für Lösungen zu entscheiden, die weit ab vom Ziel liegen.

Team-zusammen-stellung

Tipp! Als Auftraggeber sichern sie den Erfolg des SGA-Teams durch ein stabiles Team und einen klaren Projektplan.

Aufgaben für den Auftraggeber einer SGA	
Bei der Gründung	• Formulierung der Aufgabe • Formulierung klarer Erwartungen • Benennung des SGA-Leiters • Zusammenstellen der Gruppe • Verdeutlichung, dass die gewünschte Verbesserung Teil des täglichen Arbeitsablaufs wird • Sicher stellen, dass das Team sich mit dem zu lösenden Problem identifiziert • Klare Rahmenbedingungen setzen
Während der Aktivphase der SGA	• Unterstützen und fördern der SGA-Teilnehmer • Reserviere Zeit für die SGA • Rücksprachen mit dem SGA-Leiter halten bezüglich Ablauf und Ergebnis • Teilnahme an Präsentationen des SGA-Teams • Zeitablauf und Ergebnisse überwachen
Nach dem Abschluss der SGA	• Den Erfolg feiern • Ergebnis der durchgeführten Maßnahmen prüfen

Tipp! Der Auftraggeber sollte niemals unangemeldet zu einer SGA-Besprechung gehen.

2.5 Die Rolle der SGA-Mitglieder

Für jeden Teilbereich wurden SGA-Mitglieder ausgewählt, die in ihrer täglichen Arbeit mit der Problematik vertraut sind. Durch das Engagement im Veränderungsprozess übernehmen die SGA-Mitglieder Verantwortung. Wenn die Teilnehmer feststellen, dass sie Themen aus ihrer täglichen Praxis verbessern können, besteht eine hohe Wahrscheinlichkeit, dass sie sich mit der Aufgabe identifizieren.

Identifikation

Tipp! Eine SGA-Teilnahme ist freiwillig, aber nicht frei von Verpflichtungen.

Die Rolle im Team

Die Rolle eines Mitglieds in einem SGA-Team besteht darin, sein Wissen und seine Erfahrung zum ausgewählten Themenbereich einzubringen. Eine gute Mischung aus Wissen und Verständnis ist notwendig, um eine möglichst vollständige Analyse der Problematik zu erreichen. Neben dieser themenbezogenen Rolle profitiert ein Team von Teilnehmern, deren Verhalten das Team in sich stärkt. Ein weiterer Grund jemanden in das Team mit einzubeziehen ist, ihm die Möglichkeit zu geben, zu lernen wie man ein Problem zusammen mit anderen in einer definierten Art und Weise angehen kann.

Tipp! *Sende allen SGA-Teilnehmern eine Einladung mit einer kurzen Erklärung, was eine SGA ist.*

praktisches Beispiel

Drei Maschinenführer, ein Mechaniker und ein Ingenieur werden zu einer Teilnahme an einer SGA, mit dem Ziel, Unfälle am Laufband-System zu reduzieren, eingeladen. Der Auftraggeber trifft diese Auswahl, weil er eine übergreifende Lösung für alle drei Schichtgruppen anstrebt. Aus diesem Grund wählt er einen Maschinenführer aus jeder Schicht aus. Die erarbeiteten Lösungen werden dann jedem Schichtteam erläutert und durch den beteiligten Vertreter eingeführt. Dieses Vorgehen erschwert es dem Auftraggeber, die SGA-Besprechungen so zu planen, dass alle drei Arbeiter daran teilnehmen können. Er erachtet die Unterstützung aus den drei Schichten als extrem wichtig, so dass er bereit ist, den höheren Planungsaufwand in Kauf zu nehmen.

Checkliste für das Wesentliche einer SGA

☐ Der Auftrag oder Projektentwurf wurde durch den Auftraggeber erarbeitet.

☐ Es wurde ein klares Ziel formuliert.

☐ Ein SGA-Leiter wurde ernannt.

☐ Der SGA-Leiter verfügt über die notwendigen Fähigkeiten, den Ablauf zu steuern.

☐ Die Gruppengröße liegt zwischen vier und sieben Personen.

☐ Die SGA bindet Vertreter aller beteiligten Bereiche ein.

☐ Die Rahmenbedingungen für die SGA sind klar festgelegt.

☐ Ressourcen, die den Erfolg der SGA garantieren, werden bereitgestellt. (z. B. Zeit für Besprechungen und Geld)

3. Der PDCA-Kreis

PDCA-Kreis

Der PDCA-Kreis wurde bereits in Abschnitt 1.2 vorgestellt, in dem die Grundlagen des Optimierungszyklus von Deming erklärt wurden. In diesem Kapitel wird jeder der acht Schritte des PDCA-Kreises detailliert behandelt.

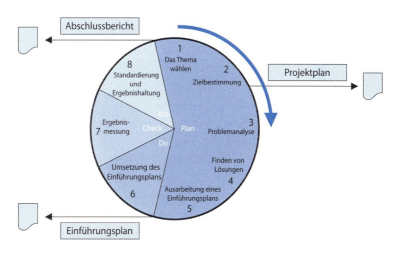

3.1 Schritt 1 – Themenauswahl

praktisches Beispiel

Die Abfüllabteilung eines Erfrischungsgetränkeherstellers hat sich als Ziel für das kommende Jahr gesetzt, den aktuellen Verfügbarkeitsgrad auf 60% zu steigern. Der Hauptgrund für Stillstandszeiten in der Produktion sind die Umrüstzeiten und

die Zeiten, in denen die Packmaschine ausfällt. Ermittelt wurde dies über ein Pareto-Diagramm der OEE (vgl. Abbildung 7). Der Abteilungsleiter analysiert dieses Ergebnis zusammen mit dem Produktionsteam und entscheidet, zwei SGA-Teams für das nächste Jahr einzuberufen, um folgende Ziele zu erreichen:
- Ein „Packmaschinenteam", hat die Aufgabe die Ausfallzeit aufgrund von Ausfällen der Packmaschine zu reduzieren.
- Einem „ Rüstzeitenteam" wird das Ziel zugeteilt, die Rüstzeiten zu reduzieren.

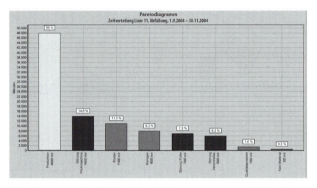

Abb.7: Pareto-Diagramm des OEE Toolkit bezüglich Reduzierung der Ausfallzeiten

Auswählen eines Themas

Thema auswählen

Das Thema für eine SGA kann durch einen Projektinitiator zugewiesen oder durch die Beschäftigten selbst ausgewählt werden. In beiden Fällen muss klar sein, warum gerade dieses Thema ausgewählt wurde. Gute Ziele für eine SGA sind verknüpft mit den Zielen der Abteilung oder des gesamten Unternehmens. Im Beispiel aus der Erfrischungsgetränkeindustrie beeinflussen beide SGAs das Gesamtziel der Abteilung „Steigerung des Verfügbarkeitsgrades auf 60%". Die Themen können einen größeren Bereich von Arbeitsprozessen innerhalb des Unternehmens beeinflussen. Im Beispiel Produktionsprozesse, Logistikprozesse und Verwaltungsprozesse, wie z. B. die Fakturierung.

Beim Auswählen eines Themas ist es wichtig, dass die Rahmenbedingungen, die das gewählte Projekt beeinflussen, keiner drastischen Veränderung unterliegen. Ein motiviertes Team in einem Pflegezentrum, das in einem Bereich, der kurz vor der Schließung steht, eingesetzt wird um den Informations- und Dokumentenfluss zu verbessern, wird schnell entmutigt werden.

Tipp! Wähle für die ersten SGAs Themen mit einer guten Chance auf Erfolg. Erfolg motiviert die Teilnehmer, auch zukünftige Teilnehmer in neuen SGAs.

Genaue Bestimmung des Themas

Wenn das Thema vom Auftraggeber (z. B. einem Manager) vorgegeben wird, gibt er/sie damit die Richtung vor, in der das Team arbeiten soll. Das Team selbst wird das Projekt genauer definieren und entscheiden, was seiner Meinung nach Teil des Projektes ist und was nicht. Im obigen Beispiel aus der Erfrischungsgetränkeindustrie entscheidet das Team selbst, welche Änderungen es im Prozessablauf vornehmen will. Um die Rahmendaten zu definieren, wird das Team bevorzugt auf messbare Größen zurückgreifen.

Tipp! Wähle Themen, die auf Fakten basieren und messbar sind.

Zeitbedarf für eine SGA

Die Art der Thematik bestimmt den Zeitbedarf für die SGA. Verallgemeinert kann man sagen: Je einfacher und begrenzter das Thema ist, desto geringer ist der Zeitbedarf. Ein intensiver oder komplexer Themenbereich wird viel mehr Bearbeitungszeit beanspruchen, in deren Verlauf das Team Gefahr läuft, das Ziel aus den Augen zu verlieren. Die Erfahrung zeigt, dass bei SGA-Zyklen, die länger als sechs Monate dauern, der Enthusiasmus der Teilnehmer deutlich nachlässt. Weitreichende und komplexe Themen in verschiedene SGAs von kürzerer Dauer aufzuteilen schützt die SGAs vor diesem Motivationsverlust. Darüber hinaus sind die Ergebnisse dieser „kleinen" SGAs häufig effektiver als die einer einzelnen komplexen SGA. Im Folgenden hierzu einige Beispiele:

Rhythmus — Die Auswahl des Projekts beeinflusst auch die Anzahl der Besprechungen und deren Häufigkeit. Wenn eine große Menge von Informationen mit Zwischenergebnissen besprochen werden muss, hat sich ein Rhythmus von 14 Tagen bewährt. Die Dauer der Besprechung sollte zwei bis drei Stunden nicht überschreiten.

Schlecht geeignet	Gut geeignet
Steigerung der OEE einer Produktionslinie	Reduzierung der Rüstzeiten
Vereinfachung der Administrationsprozesse	Vereinfachung des Abrechnungsprozesses
Reduzierung des Lagerbestandes	Reduzierung des Bestandes von Fertigerzeugnissen
Reduzierung der Ausfälle in der Produktion	Reduzierung der Ausfälle an der Verpackungsanlage

Versuche die Zeit zwischen den Teambesprechungen kurz zu halten. Wenn diese Perioden zu lang sind, können Informationen zu bestimmten Details bereits wieder in Vergessenheit geraten sein und die entsprechenden Diskussionen müssen nochmals geführt werden. Für jede Besprechung gilt, dass im Protokoll zusammengefasst wird, was besprochen und entschieden wurde, und welche Aufgaben daraus abgeleitet wurden.

SGA-Booster

SGA-Booster

Wenn eine SGA gestartet wird, für die die am meisten benötigten Informationen bereits vorhanden sind, kann mit der Analyse der Gründe möglicherweise schneller begonnen werden. Für manche Projekte wie z. B. Reduzierung der Rüstzeiten, liefern eine gute Betriebsdatenerfassung und eine Videoaufzeichnung ausreichende Informationen und Grundlagen für die Ursachenanalyse in Schritt 3. In einer solchen Situation ist das Einsetzen eines „SGA-Boosters" empfehlenswert. Während eines „SGA-Boosters" sind die Teammitglieder für vier oder fünf aufeinanderfolgende Arbeitstage von ihrer täglichen Arbeit freigestellt, um zusammen die ersten fünf Schritte des Optimierungsprozesses abzuarbeiten. Zum Abschluss dieser „Boosterwoche" sollte ein Aktionsplan ausgearbeitet und einige der beschlossenen Aktivitäten schon ausgeführt sein. Aufgrund seiner Fokussierung hat ein „SGA-Booster" einen großen Einfluss auf die Organisation.

Tipp! Der Auftraggeber sollte sich die Rahmenbedingungen für die SGA sorgfältig überlegen. Im Nachhinein ist es ihm nicht möglich, Lösungen, die innerhalb dieser Rahmenbedingungen sind, abzulehnen.

3.2 Schritt 2 – Zielbestimmung

praktisches Beispiel

Das erste Team in der Firma für Erfrischungsgetränke besteht aus drei erfahrenen Maschinenführern, einer aus jeder Schicht, einem Mechaniker und einem Ingenieur. Als SGA-Leiter wurde der Teamleiter von Schicht A eingesetzt.
Das Team trifft sich, um die Details für das Ziel „Reduzierung der Rüstzeiten" zu bestimmen und setzt sich das klare Ziel, die Ausfälle innerhalb von drei Monaten um 40 % zu reduzieren. Das Ziel des Teams basiert auf den Aufzeichnungen der Ausfälle über die letzten Jahre. Der Teamleiter stellt sicher, dass das ganze Team dieses Ziel unterstützt. Das SGA-Team schlägt dem Auftraggeber das Ziel vor, beantragt die Freigabe und die Vorgabe der Rahmenbedingungen.

Das SGA-Team im Beispiel hat ein klares Ziel formuliert.
Was aber genau ist ein klar und gut formuliertes Ziel? Und wie wichtig ist es?

SMART Ziele

Was ist bei der Erstellung geeigneter Ziele wichtig? Warum krempelt man nicht einfach die Ärmel hoch und beginnt sofort mit der Arbeit?

- Ein gut ausformuliertes Ziel gewährleistet, dass jeder weiß, an was das Team arbeitet, was genau es erreichen will und wann.
- Ein gut definiertes Ziel zeigt, wann das Team sein Ziel erreicht hat.
- Ein gutes Ziel zeigt die Richtung für die Teamaktivitäten auf.
- Letztendlich motiviert ein gut definiertes Ziel die Teammitglieder, das Ziel tatsächlich zu erreichen.

SMART

Wertvolle, gut formulierte Ziele erfüllen die SMART Kriterien.
SMART steht für:
S pezifisch
M essbar
A kzeptabel
R ealistisch
T erminiert

Diese fünf Kriterien werden im Folgenden detailliert erläutert.

Spezifisch

Die Aufgabe oder das Thema sind so beschrieben, dass nur eine Interpretation möglich ist. Ein Ziel ist dann spezifisch, wenn deutlich ist, was zur gewählten Aufgabe gehört und was nicht. Eine einfache Methode ein Projekt oder ein Ziel „spezifisch zu machen" ist die „Ist / Ist nicht"- Analyse. Es wird ein Fragebogen eingesetzt, um die Thematik in notwendige Inhalte (Ist) und mögliche Inhalte, die nicht relevant sind, aber bearbeitet werden könnten (Ist nicht), zu unterteilen. Eine genauere Beschreibung der „Ist / Ist nicht" - Analyse findet sich in Anhang 8.

"Ist / Ist nicht" Analyse

Messbar

Ist das Ziel messbar? Mit anderen Worten: „ Bei welchem Resultat gilt das Ziel als erreicht?" Ein messbares Ziel ist entscheidend, um Diskussionen darüber vorzubeugen, wie „schwerwiegend" ein Problem oder wie „gut" der Fortschritt ist. Die Zahlen sprechen für sich. In diesem Schritt entscheidet das Team auch über die Messgrößen. Vorhandene Erfassungssysteme können mitunter eingesetzt werden, um die notwendigen Daten zu liefern; andernfalls setzt das Team ein separates Erfassungssystem für die Dauer einer SGA ein.

Tipp! Ziele und Ergebnisse müssen über den kompletten SGA-Zyklus konsistent gemessen werden.

Akzeptabel

Ein Ziel ist dann akzeptabel, wenn es sowohl vom Auftraggeber als auch von den Teammitgliedern unterstützt wird. Der Auftraggeber will sehen, wie weit dieses Ziel mit den übergeordneten Grundsätzen und Zielsetzungen der Abteilung oder Organisation übereinstimmt und ob es anspruchsvoll genug ist. Die Unterstützung der SGA-Teammitglieder zeigt sich durch ihre Motivation, das Thema anzugehen. In Fachbüchern wird das A von SMART teilweise auch mit „anspruchsvoll" übersetzt.

Realistisch

Ein gutes Ziel gibt dem Team das Gefühl, dass es erreicht werden kann und eine Herausforderung darstellt. Ein mögliches „Extrem"ziel, die Rüstzeit von 45 Minuten auf 2 Minuten zu reduzieren, kann vom Team als völlig unrealistisch empfunden werden. Es wird auf erheblichen Widerstand stoßen, da auf den ersten Blick kaum eine Chance auf Erfolg besteht. Es wäre besser dieses Ziel auf verschiedene SGAs aufzuteilen. Das Ziel der ersten SGA wäre die Reduktion von 45 auf 25 Minuten; das Zweite von 25 auf 15 Minuten, etc. „Der erste Berg, den ein Anfänger besteigt, sollte nicht der Mount Everest sein."

Terminiert

Ein gutes Ziel muss die Zeit festlegen, in der das Team das Ergebnis erreichen will. Das Team kann auch beschließen, einen Zeitplan in die Zieldefinition aufzunehmen. Die SGA im Erfrischungsgetränkebeispiel ist auf drei Monate begrenzt. Es wäre besser, ein Datum festzulegen: „Das „Packmaschinenteam" startet die SGA am 1. September und schließt sie am 30. November ab."

Tipp! Starte keine SGA, wenn das Ziel die SMART Kriterien nicht erfüllt.

3.3 Schritt 3 – Problemanalyse

praktisches Beispiel

Die Abfüllanlage für Erfrischungsgetränke ist ausgefallen. Der Mechaniker hat festgestellt, dass die Pumpe heißgelaufen ist. Er hat das Problem durch Höhersetzen der Abschalttemperatur gelöst. Er begründete es damit, dass die Pumpe nicht abschalten würde, da sie jetzt etwas heißer werden kann. Obwohl er die Abschalttemperatur immer höher setzte, trat der Fehler weiterhin auf.

Der Mechaniker der Erfrischungsgetränkefirma hat hier gänzlich falsch gehandelt. Anstatt zu versuchen, herauszufinden warum die Pumpe sich überhitzte, befasste er sich nur mit dem Symptom – der Tatsache, dass die Pumpe wegen Überhitzung abschaltete. In vielen Organisationen geht die Problemlösung leider nicht weiter als bis zu einer vorübergehenden Beseitigung der Symptome. Eine wirkliche Lösung kann jedoch nicht gefunden werden, solange die Grundursache der Symptome nicht bekannt ist.

Grundursache

Bei der Ursachenforschung in einer SGA sind drei Fragen wichtig:
1. Wie ist der tatsächliche Prozessablauf?

2. Was genau läuft verkehrt?
3. Warum läuft es verkehrt?

Wie ist der tatsächliche Prozessablauf?
Zu Beginn der Problemanalyse haben die Teammitglieder oft unterschiedliche Vorstellungen vom tatsächlichen Prozessablauf. Dies kann zu ineffektiven Diskussionen führen. Um dem vorzubeugen, müssen die Teammitglieder gemeinsam den aktuellen Prozessablauf skizzieren. Dazu können sie Zeichnungen, Fotos und Anleitungen benutzen. Oft zeigt sich, dass die unausgesprochene Vermutung darüber, dass jeder den Prozessablauf kennt, nicht voll zutrifft.

WBE-Modell

Der oben beschriebene Prozess wird durch das WBE-Modell (Wahrnehmung-Bewertung-Entscheidung) erklärt (vgl. Abbildung 8). Solange die einzelnen Teammitglieder unterschiedliche Wahrnehmungen einer bestimmten Situation haben, ist es für sie unmöglich zu einer gemeinsamen Bewertung zu kommen und Entscheidungen zu treffen, die von allen getragen werden. Jeder beurteilt die Situation aufgrund seines Kenntnisstandes anders. In dieser Phase ist es für die Teammitglieder schwer, zu einer gemeinsamen Entscheidung zu kommen. Tun sie es doch, ist die Wahrscheinlichkeit einer Fehlentscheidung groß.

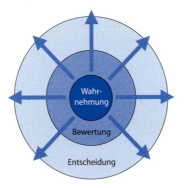 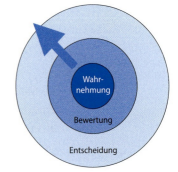

Abb. 8: Das WBE-Modell

Der ideale Prozess startet mit Teilnehmern, die ein umfassendes Bild der Ausgangssituation haben, geht über in eine gemeinsame Bewertung und endet in gemeinsam getroffenen Entscheidungen.

praktisches Beispiel

Ein Team beginnt mit der Aufgabe den Planungsprozess zu verbessern. Der aktuelle Planungsprozess funktioniert nicht optimal; die Lagerbestände sind hoch und es kommt vermehrt zu Sonderaktionen. Bevor das Team versucht die Gründe herauszufinden, wird der aktuelle Planungsprozess untersucht. Einer der Planer bemerkt, dass es eine Anweisung gibt, die den Planungsprozess beschreibt. Nach seiner Meinung kann diese als Grundlage für die Ursachenanalyse verwendet werden. Der SGA-Leiter zieht eine gemeinsame Untersuchung und Visualisierung des aktuellen Ablaufs vor. Nachdem das Team den Ablauf skizziert hat stellt sich heraus, dass sich der praktische Ablauf vom vorgegebenen Ablauf der Verfahrensanweisung unterscheidet.

Tipp! Starte keine SGA an einer Anlage, die nicht regelmäßig gewartet wurde. Führe zuerst die Wartungsarbeiten aus um dann zu sehen, ob das Problem weiterhin besteht.

Was genau läuft verkehrt?

Wenn alle Teammitglieder den gleichen Wissensstand über den Ablauf des Prozesses haben, können sie ihn in Teilprozesse untergliedern. Fragen, die sich das Team stellen könnte, sind:

- Was läuft verkehrt?
- Was hat uns davon abgehalten, es gleich richtig zu machen?
- Wo läuft es verkehrt?
- Wie oft kommt es zu Störungen?
- Wann genau kommt es zu Störungen?

Das Team „ins Bild setzen" kann auch geschehen durch Erfahrungsaustausch untereinander, das Drehen eines Videos über den Ablauf oder das Untersuchen des Fehlers, dann wenn er auftritt.

Tipp! Verbringe nicht die ganze Zeit im Besprechungszimmer. Das Team soll sich den Ablauf gemeinsam vor Ort anschauen.

Warum läuft es schief?

Wenn eindeutig ist, wie der Prozess läuft und was (manchmal) während des Prozesses schief läuft, kann man mit der Ursachenanalyse beginnen. Um die Frage zu beantworten, warum gewisse Dinge schief laufen, sind häufig

Basiswerkzeuge Betriebsdatenaufzeichnungen oder Analysemethoden nötig. Die gängigsten Methoden in einer SGA sind die Basiswerkzeuge. Diese werden im folgenden Abschnitt kurz erklärt.

Die Basiswerkzeuge

praktisches Beispiel *In einem Brainstorming fordert der SGA-Leiter alle Teilnehmer auf, mögliche Gründe für das Problem zu benennen. Ein Teammitglied notiert alle genannten Gründe auf einem Flipchart. Zum Abschluss der Sitzung sind mögliche Gründe, Lösungen und die grundlegenden Ursachen auf mehreren Blättern zufällig verteilt. Die Kunst ist es nun, aus all diesen Informationen die grundlegenden Ursachen herauszufiltern. Zunächst möchte der SGA-Leiter von der Gruppe wissen, welche vier der aufgeschriebenen Punkte sie für die wichtigsten hält. Dies geschieht mit Hilfe eines Pareto-Diagramms. Der SGA-Leiter überträgt die gefunden Punkte in ein Fischgrätendiagramm und führt mit der Gruppe für diese Punkte die 5W–Analyse durch. An der Tafel steht dann ein ausgearbeitetes Fischgrätendiagramm, das die wichtigsten Gründe enthält.*

In dem oben genannten Beispiel werden die am häufigsten genutzten Werkzeuge genannt.

Tipp! Sammle so wenige Daten wie möglich: Nur Daten, die Informationen zum Thema, den Grund oder das Problem enthalten.

Die Basiswerkzeuge:

Brainstorming ist eine Technik, welche das kreative Denken anregt. Die Regeln für die Brainstorming Sitzung aktivieren jeden Teilnehmer und erlauben es ihm, einen aktiven Beitrag zu leisten. Brainstorming fördert offenes und ungehindertes Denken. Alte Denkmuster und Betriebsblindheit werden aufgebrochen und es kommt zu außergewöhnlichen Vorschlägen.

In einem **Pareto - Diagramm** werden alle Probleme und Gründe nach Wichtigkeit in absteigender Anordnung aufgelistet. Das Pareto-Diagramm hilft dabei, den großen Fisch im Teich der Ursachen zu identifizieren.

	Die **5W-Analyse** ist eine Analysetechnik zur Evaluierung der Grundursache eines Problems. Durch fünfmaliges Fragen und Beantworten von „WARUM" kann bis zur Entstehung des Problems vorgedrungen werden. Die Analyse dieser Punkte liefert dann die eigentlichen Ursachen eines Problems.
	Das **Fischgrätendiagramm** ist auch unter dem Namen Ursache-Wirkungs-Diagramm bekannt. Das Fischgrätendiagramm zeigt klar, welche Grundursachen einem Problem zugeordnet werden können.
	Ein **Flussdiagramm** ist die graphische Darstellung eines Prozesses. Das Flussdiagramm fördert das Verständnis für den Prozess, erleichtert die Analyse oder die Kommunikation über den Bereich oder das Problem.
	Eine **Karteikarte** ist eine Form der systematischen Datensammlung. Die gesammelten Daten können dann die Fakten liefern, um Bewertungen, Vorschläge und Entscheidungen zu untermauern.
	Datenreihen werden in ein **Diagramm** übertragen. Die graphische Darstellung von Daten macht es möglich, eine Situation schnell und eindeutig abzuschätzen.

Eine detaillierte Beschreibung der Basiswerkzeuge finden Sie im Anhang 1-7.

Die gefundenen Grundursachen werden demnach durch das Wissen und die Erfahrung der Teammitglieder bestimmt. Es ist eine qualitative Bewertung. Um sicher zu gehen, dass die Bewertung auf Fakten basiert, sollten die Grundursachen überprüft werden. Grundursachen können getestet werden, indem man sie in den Prozess einbringt oder ausprobiert: „Wenn ich jetzt so vorgehe, wird das dann zu dem erwarteten Problem führen?"

Fakten oder Gefühl?

praktisches Beispiel

Während der Untersuchung eines speziellen Prozesses in einer Klinik wurde festgestellt, dass die Wartezeiten reduziert werden könnten, wenn es den Krankenschwestern erlaubt wäre, Röntgenaufnahmen im Labor selbst anzufordern. Die Ärzte stimmen dem nicht zu. Sie befürchteten, dass dies zu einem unerwünschten Anstieg von

Röntgenanforderungen führen würde. Die Diskussion führte zu einem heftigen Schlagabtausch: Emotionen flammten auf und man hörte einander nicht mehr zu. Diese Art der Diskussion führte zu keinem Ergebnis. Es gab nur einen Weg aus dieser Sackgasse: die Diskussion stoppen und stattdessen Fakten sammeln. Es wurde beschlossen, die neue Methode für zwei Wochen zu testen. Ein Vergleich zwischen den Ergebnissen des neuen und des ursprünglichen Ablaufs zeigte eine Reduzierung der Wartezeiten und keinen Anstieg bei den Röntgenaufnahmen.

Tipp! Stelle sicher, dass sich Diskussionen auf Fakten beziehen und nicht auf Verdächtigungen oder Annahmen.

3.4 Schritt 4 – Lösungsfindung

praktisches Beispiel

Ein Team, das eingesetzt wurde um den Reklamationsprozess zu verbessern, erarbeitete fünf Lösungen zu den gefundenen Ursachen. Nach Abschätzung der Kosten für die Umsetzung der Lösungen stellte sich heraus, dass sie die vorgegebene Rahmenbedingung überstiegen. Der SGA-Leiter veranlasste das Team, eine neue Auswahl von Lösungen zu treffen, so dass das Ziel erreicht werden konnte, ohne die Rahmenbedingungen zu verletzen.

Die Hauptursachen wurden gefunden. Der nächste Schritt für das Team ist nun Lösungen zur Eliminierung dieser Ursachen zu finden. Um viele mögliche Lösungen zu finden wird häufig die Methode des Brainstorming angewendet. Nach dem ersten Brainstorming wird in einer weiteren Sitzung nach den Hauptlösungen gesucht.

Kriterien für die Auswahl möglicher Lösungen

Kriterien

Die möglichen Kriterien zur Auswahl der besten Lösungen sind wie folgt:
- Amortisationszeit oder maximales Budget
- Das Team muss in der Lage sein, die Lösungen selbst einzuführen
- Das Endprodukt des untersuchten Prozesses darf sich nicht verändern
- Die Arbeitssicherheitsvorschriften müssen eingehalten werden

- Die Lösungen müssen den für die Industrie geltenden Regelungen und Normen entsprechen
- Die Lösungen müssen leicht umgesetzt werden können

Alle Lösungen müssen den Kriterien und Rahmenbedingungen des Projektplans entsprechen.

Tipp! Stelle sicher, dass alle Teammitglieder die gewählte Lösung vertreten. Dies erhöht die Wahrscheinlichkeit für ein gutes Resultat deutlich.

Überprüfung möglicher Lösungen

praktisches Beispiel

Ein SGA-Team, dessen Aufgabe es war, das Stapeln von Kisten auf eine Palette zu erleichtern, schlug eine Hubvorrichtung für die Paletten vor, die die Stapelhöhe automatisch reguliert. Man bräuchte sich nicht mehr zu bücken. Nachdem die Hebebühne gekauft war, wurde deutlich, dass sich die Mitarbeiter jetzt fast 30 cm weiter strecken mussten um die Kisten auf die Palette zu stellen. Dies wurde durch die hervorstehenden Stützen der Hebebühne verursacht. Die Lösung hatte einen unerwünschten Nebeneffekt, mit dem das Team nicht gerechnet hatte.

Im Prinzip sind Lösungen, die ein Team hervorbringt, nicht mehr als mögliche Lösungen. Sie sind durch das Wissen und aus der Erfahrung der Teammitglieder heraus entstanden. Wenn eine Investition für eine Lösung notwendig ist, muss sichergestellt sein, dass das gewünschte Ergebnis erreicht wird und keine ungewollten Nebeneffekte auftreten. Um mehr Gewissheit über die Auswirkung einer Lösung zu bekommen, kann das Team eine

Hypothese

Hypothese ausarbeiten. In dieser Hypothese definiert das Team seine Erwartungen, die Auswirkungen der gefundenen Lösung betreffend. Das Team fährt dann mit der Untersuchung fort, ob die Hypothese stimmt oder nicht. Dies geschieht an Hand von Praxistests.

Tipp! Teste eine teure Lösung mit Hilfe einer ungefähren Behelfskonstruktion oder in einem Testsystem, um zu sehen, ob der gewünschte Effekt tatsächlich eintritt.

Risikobewertung

Risikobewertung

Wenn alles gut geht, beseitigt die Lösung die Ursachen des Problems. Trotzdem ist es möglich, dass mit der Lösung neue

FMEA

Probleme entstehen. Um diese Möglichkeit zu untersuchen, kann das Team eine Risikobewertung durchführen. Eine verbreitete Methode dafür ist die FMEA (Fehlermöglichkeits- und Einflussanalyse). Diese Technik wird in diesem Buch aus Platzgründen nicht weiter beschrieben.

3.5 Schritt 5 – Ausarbeitung eines Einführungsplans

praktisches Beispiel

Das „Rüstzeitenteam" aus dem Erfrischungsgetränkebeispiel hat nun einige mögliche Lösungen erarbeitet. Die Wichtigste ist die Änderung der Reihenfolge der Tätigkeiten im Ablauf des Rüstvorgangs. Zusätzlich müssen einige kleine technische Änderungen am System vorgenommen werden. Das Optimierungsteam möchte nun alle Mitarbeiter im neuen Arbeitsablauf schulen. Um dies durchzuführen, hat das Team einen Plan erarbeitet, wer wann ausgebildet wird. Ein Teammitglied hat die Aufgabe, sicher zu stellen, dass das Training wie geplant stattfindet. Das Team hält all diese Vorgaben in einem Einführungsplan fest.

Der Einführungsplan

Einführungsplan

Nach der Auswahl der Lösungen entscheidet das Team in Schritt Fünf die Art und Weise, wie die Ergebnisse umgesetzt werden sollen. Dazu wird ein Einführungsplan erstellt, der alle Aktionen enthält und die genaue und termingemäße Einführung sicherstellt. Fragen, die der Einführungsplan beantworten könnte:

- Wer ist für was verantwortlich?
- Sind Geld und Materialien notwendig?
- Bis wann muss die Implementierung abgeschlossen sein?
- Welches Teilergebnis wird nach den Einzelschritten auf dem Weg zum Ziel erwartet?

Wenn Teamfremde mit der Umsetzung von Aufgaben betraut sind, z. B. mit technischen Veränderungen, stellt das Team sicher, dass eine detaillierte Beschreibung oder eine Skizze des geplanten Zustands zur Verfügung steht. Diejenigen, die für die Umsetzung eines Aktionspunkts im Einführungsplan verantwortlich sind müssen sicherstellen, dass dieser wie geplant umgesetzt wird. Das heißt nicht notwendigerweise, dass sie selbst Hand anlegen. Sie sind aber für die Umsetzung und Ausführung verantwortlich.

Die Bedeutung des Einführungsplans
Der Einführungsplan beschreibt die vom Team gewählten Lösungen und zeigt auf, wie und wann sie umzusetzen sind. Für jede Lösung zeigt der Einführungsplan, welches Teammitglied für die Ausführung der jeweiligen Lösung verantwortlich ist. Manchmal enthält der Einführungsplan sogar die benötigten Investitionen und die zu erwartenden Erträge. Dies macht den Einführungsplan zu einem idealen Arbeitsmittel zur Kommunikation zwischen Team und Auftraggeber.
Stellen sie dem Projektsponsor den Einführungsplan mit Hilfe einer Zwischenpräsentation vor. Dies erleichtert dem Projektsponsor abzuschätzen, ob das Team die Lösung mit stichhaltigen Argumenten unterlegen kann und ob die Rahmenbedingungen des Projektplans eingehalten werden.

Go / No Go
An Hand des Einführungsplans präsentiert das Team dem Auftraggeber seine Arbeitsergebnisse. Zu diesem Zeitpunkt kann das Team vom Auftraggeber die formale Zustimmung zur Umsetzung des Einführungsplans (Go) erhalten. Das ist notwendig um zu zeigen, dass der Auftraggeber die Arbeit des Teams unterstützt. Wenn die Lösungen die Rahmenbedingungen des Projektplans nicht vollständig erfüllen, kann der Auftraggeber bei der Präsentation dennoch entscheiden, sie zu akzeptieren und das Team seine Arbeit fortführen lassen. Mit anderen Worten, er kann die Rahmenbedingungen zu diesem Zeitpunkt lockern.

Dies kann dann sinnvoll sein, wenn unternehmerische Lösungen erarbeitet wurden, die möglicherweise die Rahmenbedingungen nicht erfüllen, aber zu sehr guten Ergebnissen führen. Der Auftraggeber muss sich aber bewusst sein, dass dies die Vorstellung fördert, dass Rahmenbedingungen verhandelbar sind und dass Rahmenbedingungen, die im Projektplan fixiert sind eher Richtlinien denn fixe Vorgaben sind.
Wenn der Auftraggeber Lösungen, die die

Lösungen ablehnen — Rahmenbedingungen erfüllen ablehnt, kann sich dies nachteilig auf die Motivation und die Eigentümerschaft des Teams an der Problemstellung auswirken. Mit dieser Maßnahme übernimmt der Auftraggeber die Verantwortung wieder selbst.

> *Tipp! Auftraggeber sollten gegenüber Ablauf (Process) und Methoden (Procedures) kritisch sein, aber weniger kritisch mit den Lösungen.*

3.6 Schritt 6 – Umsetzung des Einführungsplans

In diesem Schritt wird der Einführungsplan umgesetzt. Der Fortschritt kann jederzeit anhand des Zeitplans bewertet werden.

Die Rolle der SGA-Teammitglieder
In diesem Schritt achtet jedes Teammitglied darauf, dass seine Punkte aus dem Einführungsplan korrekt ausgeführt werden. Sie überprüfen dabei, ob die Aktionen zu den erwarteten Ergebnissen führen. Häufig übernehmen die Teammitglieder einen Großteil der Tätigkeiten selbst, oft haben sie auch eine koordinierende Rolle bei der Umsetzung der Lösungen. Die Teammitglieder informieren den Leiter des SGA-Teams über den Fortschritt ihrer Aktionspunkte. Der SGA-Leiter überwacht den Ablaufplan und greift ein, wenn es notwendig wird. Er hält die Teammitglieder über den Prozess auf dem Laufenden und informiert den Auftraggeber regelmäßig über den Fortschritt der Umsetzung des Einführungsplans.

Fortschritt der Umsetzung

praktisches Beispiel — *Ein SGA-Team hatte bereits grünes Licht für die Einführung eines neuen Beschaffungsvorganges erhalten, ein Teammitglied war Angehöriger der Planungsabteilung. Der Leiter der Planungsabteilung war jedoch nicht bereit zu kooperieren: „Wir sind zu beschäftigt, um Zeit für so einen Unsinn zu vergeuden." Seine Sturheit führte dazu, dass das SGA-Team seinem Zeitplan hinterher hing.*

Diese Einstellung einer Führungskraft darf nicht toleriert werden. Der SGA-Leiter muss daher den Vorfall dem Auftraggeber melden.

Die Rolle der Mitarbeiter außerhalb des SGA-Teams

Die Mitarbeiter aus der betroffenen Abteilung, die nicht dem SGA-Team angehören, sollten mit dem Team zusammenarbeiten und die ihnen zugedachten Aufgaben aus dem Einführungsplan umsetzen. Sie sollten sich mit den Teammitgliedern abstimmen, wann sie die erforderlichen Maßnahmen ausführen, um die Verbesserung zu erreichen.

Tipp! Spreche Leute direkt an, wenn sie sich nicht an die Absprachen halten.

3.7 Schritt 7 – Ergebnismessung

praktisches Beispiel

Ein SGA-Team erarbeitete eine Anzahl von Verbesserungsmaßnahmen für ein neues Aufnahmeverfahren für Patienten. Es wurde eine dreimonatige Testphase vereinbart, in welcher die Auswirkungen dieser Maßnahmen in der Praxis beobachtet wurden. Während der Testphase wurde die Bearbeitungszeit einer Patientenakte ermittelt. Dies erfolgte durch eine Zeiterfassung an jeder Station. Auf einer Tafel im Belegschaftsraum wurde festgehalten wann die Akte eine Station erreichte und wann sie wieder weitergegeben wurde. Die Ergebnisse wurden mit denen des ursprünglichen Ablaufs verglichen. Die Maßnahmen zeigten keine Reduzierung der Bearbeitungszeit für die Patientenaufnahme.

Das Team hat die ausgewählten Lösungen eingeführt. Normalerweise erwarten die Teammitglieder, dass die Umsetzung aller Maßnahmen als Ergebnis die Erreichung des vereinbarten Ziels beinhaltet. Das Team kann dies durch eine Messung der Ergebnisse überprüfen. Es sollten dieselben Messmethoden benutzt werden, die auch schon in anderen Schritten des SGA-Zyklus verwendet wurden, um einen so aussagekräftigen Vergleich wie möglich zu bekommen.

Was, wenn das Ergebnis NICHT ausreicht?

unzureichendes Ergebnis

Wenn die Ergebnisse das Planziel nicht erreichen, kann das für das Team sehr enttäuschend sein. An diesem Punkt ist es wichtig, dass die Teammitglieder nicht aufgeben. Wenn sie es dennoch tun, liegt es am Teamleiter, den Prozess weiter am Laufen zu halten. Das Team muss den gesamten Verbesserungszyklus noch einmal kritisch durcharbeiten. In diesem Fall rückwärts, am Ende beginnend. Eine einsetzende Diskussion zum Projekt selbst muss an dieser Stelle verhindert werden. Das Team startet mit der Analyse von Schritt sechs, der Durchführung des Einführungsplans. Sind die richtigen Aktivitäten zum richtigen Zeitpunkt in der vereinbarten Art und Weise ausgeführt worden? Wenn ja, analysiere Schritt fünf, usw.

3.8 Schritt 8 – Standardisierung des Ablaufs

Die Lösungen aus Schritt Vier beinhalten eine Veränderung der existierenden Arbeitsabläufe. Die neuen Arbeitsmethoden wurden getestet und haben sich bewährt. Trotzdem wurden sie noch nicht von allen Teams übernommen. Der Zweck des achten und letzten Schritts im Verbesserungszyklus ist die Entwicklung von Standards (Standardisierung) und die Sicherstellung, dass sich jeder an die vereinbarten Standards hält (Einhaltung).

Standardisierung
Das Wort „Standard" lässt zunächst auf eine umfangreiche Arbeitsanweisung mit viel Text schließen. Man darf aber nicht vergessen, dass Arbeitsanweisungen, die gänzlich aus Text bestehen, schwer zu lesen sind und sich kaum im Gedächtnis festsetzen. Es gibt bessere Wege der Standardisierung. Dies wird durch das Standardisierungs-Dreieck (vgl. Abbildung 9) dargestellt.

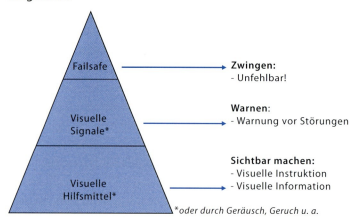

Abb. 9: Das Standardisierungs-Dreieck

Ausfallsicherheit	Failsafe ist eine Standardisierungsmethode, die nur eine Möglichkeit – die beste Möglichkeit – des Handelns kennt. Alternativen sind überhaupt nicht möglich und daher ist es eine unfehlbare Methode. Kein geschriebenen Text wird benötigt und Leute müssen sich nicht an irgendetwas erinnern. Ein Beispiel dafür ist die Diskette, die man nur auf eine bestimmte Art und Weise in einen Computer einlegen kann um den Inhalt zu sehen.
visuelle Signale	Wenn eine unfehlbare Methode nicht möglich ist, kann man mit visuellen Signalen viel erreichen und vor Störungen warnen. Beispiele dafür sind Messskalen und Farbcodes, die garantieren, dass Maschinen richtig modifiziert worden sind oder ein „Shadowboard" (Schattenbrett, dass die Umrisse der zugehörigen Gegenstände zeigt). Beim „Shadowboard" wird sofort deutlich, ob Komponenten fehlen und welche.
visuelle Hilfsmittel	Visuelle Hilfsmittel bieten ebenfalls eine gute Möglichkeit zur Standardisierung. Auch hier wird so wenig Text wie möglich benutzt. Beispiele dafür sind Pfeile, die zu einem bestimmten Teil einer Maschine zeigen, Sicherheitssymbole oder Photos, die das richtige Ergebnis eines Produktes oder bekannte Fehler zeigen.
OPL	Die letzte Option der Standardisierung ist Arbeitsanweisungen zu erstellen. Diese „Schritt-für-Schritt"-Anleitungen zeigen am jeweils relevanten Arbeitsplatz, wie ein bestimmter Arbeitsschritt ausgeführt werden muss. Diese „One-Point-Lesson" (OPL), auch Ein-Punkt-Lektion (EPL) genannt, besteht aus Bildern, Photos und so wenig Text wie möglich (vgl. Abbildung 10).

Einhaltung

Es sollte nur einen Weg geben, eine bestimmte Aufgabe auszuführen: den besten Weg. Das Einhalten der Vorgaben gewährleistet, dass jeder diesen besten Weg kennt und die Ausführung in der Praxis umsetzen kann.

Failsafe-Methoden anzusprechen ist nicht notwendig; sie sind ablaufsicher. Visuelle Darstellungen und Hilfsmittel sprechen für sich und ein Training dazu ist in der Regel nicht erforderlich. Es ist die Aufgabe aller am Prozess beteiligten, die OPLs zu beherrschen. Die Wahrscheinlichkeit, dass Mitarbeiter den neuen Arbeitsablauf akzeptieren, hängt davon ab, ob der neue Weg der leichtere Weg ist. Es wird wesentlich schwerer sein, den neuen Standard einzuführen, wenn dieser arbeitsintensiver oder schwieriger als der „alte" Standard ist. Dies gilt auch dann, wenn der „alte" Standard nicht so zielführend ist.

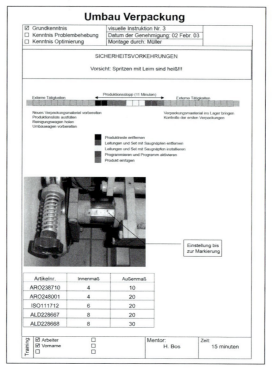

Abb. 10: Beispiel für eine One-Point-Lesson

Ein Training der OPL-Abläufe ist am effektivsten, wenn alle Prozessbeteiligten die Abläufe, die in der OPL beschrieben sind, unter der Leitung eines Teammitglieds ausführen. Man kann dann sofort erkennen, ob die Arbeitsanweisung eindeutig und vollständig ist, und ob die Mitarbeiter in der Lage sind, die Anweisungen auszuführen. Mit Hilfe einer Matrix kann nachgewiesen werden, wer die OPL bereits beherrscht.

Tipp! Erkläre die neue OPL bevor sie die Mitarbeiter ausführen.

Sobald sichergestellt ist, dass alle Mitarbeiter mit dem neuen Arbeitsablauf vertraut sind, kann das SGA-Team aufgelöst werden. Die Lösungen sind in den Arbeitsablauf integriert. Das Befolgen des neuen Arbeitsablaufs ist nun die Aufgabe und die Pflicht derer, die ihn nutzen. Der Manager sollte die Einhaltung der neuen Regelungen überwachen.

4. Der Kommunikationsprozess

Kommunikation

Im SGA-Prozess trifft sich das Team mit dem Auftraggeber zu drei Fixterminen. Zum Projektstart, zur Präsentation des Einführungsplans und zur Schlusspräsentation. Die ersten zwei Termine können als Go - No Go Meilensteine betrachtet werden. Diese drei formalen Treffen haben jeweils ein spezielles Begleitdokument. Dies sind:

- Der Projektplan
- Der Einführungsplan
- Der Abschlussbericht

In den folgenden Abschnitten werden diese drei Dokumente beschrieben.

Projektplan

Das Team beginnt an einer Aufgabe zu arbeiten. Im ersten Schritt des Verbesserungszyklus bricht das Team das Problem auf weitere

Details herunter. Dabei wird deutlich, an was das Team arbeiten wird. Im zweiten Schritt des Verbesserungszyklus entscheidet das Team, welche Ziele es mit der SGA erreichen möchte.

Der Projektplan genannt, ist das Dokument, in dem der Auftraggeber und das SGA-Team das Projekt und die Ziele beschreiben, die verfolgt werden. Wenn der Auftraggeber und das SGA-Team dem Inhalt zustimmen, wird der Projektplan von beiden unterzeichnet.

Einführungsplan
In Schritt vier des Verbesserungszyklus werden mögliche Lösungen zum Eliminieren der Hauptursachen der Probleme erarbeitet. Aus allen möglichen Lösungen, wählt das Team die Lösungen aus, die den größten Erfolg versprechen und zum gesetzten Ziel führen.

In Schritt fünf plant das Team die Arbeitsschritte oder Lösungen die umgesetzt werden sollen. Sie legen auch den Beitrag fest, den jeder Teilschritt zur Zielerreichung beitragen soll. Diese Elemente werden im Einführungsplan erfasst.
Für jeden Schritt wird aus dem Team ein Verantwortlicher benannt. Der Verantwortliche muss die Vorgaben nicht selbst umsetzen, aber sicherstellen, dass die Aufgaben vollständig erledigt werden.

Abschlussbericht
Zum Schluss erstellt das Team einen Abschlussbericht, in welchem die Ergebnisse der SGA festgehalten werden. Im Rahmen der Schlusspräsentation übergibt das SGA-Team dieses Dokument dem Auftraggeber.

Die Schlusspräsentation

Schluss-
präsentation

Die Schlusspräsentation hat mehrere wichtige Funktionen. In der Schlusspräsentation kann sowohl aufgezeigt werden, was erreicht wurde als auch wie es erreicht wurde. Es ist hilfreich, die Präsentation nach den acht Schritten des Verbesserungszyklus zu strukturieren. Dann können die Ergebnisse jedes einzelnen Schrittes präsentiert werden. Das Ziel der Schlusspräsentation ist es, den Anwesenden die Leistung des Teams aufzuzeigen. Damit stellt sie auch den formalen Abschluss der SGA dar.

Es ist sicherzustellen, dass die Präsentation nicht länger als 20 bis 25 Minuten dauert. Das mag lang erscheinen, aber in der Praxis ist es sehr kurz. Ursachen und Lösungen sind nicht im Detail vorzustellen. Die Präsentation soll einen allgemeinen Überblick über einige Ursachen (Hauptursachen) und einige Lösungen (die besten oder interessantesten) enthalten. Die Präsentation ist so interessant wie möglich zu gestalten, zum Beispiel mit Fotos oder einem kurzen Film. Eine Präsentation muss nicht mit Power Point gemacht werden. Viele Teams haben erfolgreiche Präsentationen gehalten, indem sie an der Tafel den Verbesserungszyklus aufzeigten oder Fotos und andere visuelle Hilfsmittel einsetzten.

Tipp! Wenn Power Point benutzt wird, sollten nicht zu viele Folien gezeigt werden. Pro Folie sind zwei bis drei Minuten für Erklärungen zu rechnen.

detaillierte Fragen

Vor Beginn der Präsentation sind die Anwesenden darüber zu informieren, dass sie am Ende der Präsentation die Möglichkeit haben Fragen zu stellen. Dabei ist darauf hinzuweisen, dass detaillierte Fragen zu gegebener Zeit an anderer Stelle beantwortet werden. Das wird Diskussionen über die Auswahl der Lösungen vorbeugen. Der Fragesteller war nicht in die ursprüngliche Diskussion und den Entscheidungsprozess eingebunden, den das Team gegangen ist. Es gibt keinen Grund, das mit dem Fragesteller zu wiederholen.

Teamergebnis

Auf keinen Fall ist vorgesehen, dass der SGA-Leiter die Präsentation alleine durchführt. Alle Teilnehmer sollten zu der Präsentation beitragen. Dadurch wird unterstrichen, dass es eine Leistung des gesamten Teams ist.

Tipp! Als Zugabe kann zur Schlusspräsentation ein Artikel für die Firmenzeitschrift vorgelegt werden.

5. Den Erfolg feiern

Das SGA-Team hat den Auftrag erfolgreich abgeschlossen und das geplante Ziel erreicht. Dieser Erfolg sollte gefeiert werden. Erfolge feiern ist wichtig, um die Leistungen des Teams anzuerkennen und um die Flexibilität des Teams während der SGA zu würdigen. Dies gilt besonders, wenn Teambesprechungen wegen des Schichtdienstes außerhalb der normalen Arbeitszeit stattfanden.

Während der SGA wird der Auftraggeber das Team, bezogen auf die Fortschritte, schon gelobt haben. Er kann nun seine Anerkennung für die Leistung des Teams zeigen, indem er eine außergewöhnliche Feier plant, über die die Teammitglieder noch Jahre danach sprechen werden. Die Teammitglieder können an dem Aufwand, den der Auftraggeber betreibt um ihre Leistung zu würdigen erkennen, wie wichtig ihr Einsatz von ihm bewertet wird. Das obligatorische "Kuchen mitbringen" als Belohnung für das Team reicht nicht aus.

Geld ist keine gute Belohnung für eine Teamleistung. Das kann zu Missgunst führen und wenn die Auszahlung per Banküberweisung erfolgt, kann es sein, dass die Teammitglieder es nicht einmal bemerken.

Tipp! Dem Team sollte die Möglichkeit gegeben werden, seine Ergebnisse im Rahmen einer Geschäftsleitungs- oder Abteilungsbesprechung vorzustellen.

World Class Team of the year

Ein Team kann seinen Erfolg auf ungewöhnliche Art und Weise feiern und zusätzliche Anerkennung erhalten, wenn es für die Auswahl zum „World Class Team" nominiert wird. Blom Consultancy organisiert diese Wahl jedes Jahr. Alle Teams die an Verbesserungen in ihren Organisationen arbeiten sind eingeladen daran teilzunehmen. Kapitel 6 beschreibt den praktischen Fall eines Optimierungsteams, das 2004 gewonnen hat.

praktisches Beispiel *Ein SGA-Team, das die Rüstzeiten in der Produktion halbierte, hatte Bilder eines Formel 1 Boxenstopps in seine Präsentation eingebaut. Das Team verglich seine Leistung mit der einer gut eingespielten Boxencrew. Der Auftraggeber war sehr beeindruckt und lud das Team, als Zeichen seiner Anerkennung der Teamleistung zu einem VIP Tag an die Rennstrecke nach Zandvoort ein.*

6. Die Stärken der SGA-Methode

Eine SGA ist kein Selbstzweck. Kombiniert mit dem Verbesserungszyklus, ist sie ein leistungsfähiges Werkzeug um Prozesse zu optimieren. Mitarbeiter fühlen sich anerkannt und geschätzt, wenn sie an einer SGA teilnehmen dürfen und sind stolz auf die erreichten Ziele.

Abschnitt 6.1 beschreibt den praktischen Fall des Gewinners des „World Class Team of the year" – Wettbewerbs von 2004. Blom Consultancy organisiert jährlich diesen Wettbewerb. Er steht allen Teams offen, die an Verbesserungen arbeiten.
In Abschnitt 6.2 wird das Praxisbeispiel des St. Elisabeth Krankenhauses in Tilburg beschrieben.

6.1 World Class Team 2004: Halbierung der Reinigungszeiten bei Nutricia Zoetermeer

Nutricia in Zoetermeer (NL) produziert spezielle Ernährungszusätze für Krankenhäuser. Es ist offensichtlich, dass die Beschaffenheit und die Qualität der Produkte absolut fehlerfrei sein müssen. Im Rahmen von Umrüstvorgängen in der Produktion müssen die Anlagen gründlich gereinigt werden. Dies erfolgt mit Laugen in einem definierten Reinigungsprozess. Eine auf der OEE basierende Analyse zeigt, dass aufgrund dieser Reinigung die Anlage 8% Stillstandszeit aufweist. Dies ist eine der größten Ausfallgründe im Produktionsprozess. Das war ein guter Ansatz, um ein SGA-Team einzusetzen, um den Reinigungsablauf gründlich zu analysieren und zu verbessern.

Das Management gibt komplette Freiheit
Normalerweise dauert eine Reinigung zwei Stunden. Das SGA-Team setzte sich ein hohes Ziel mit der Absicht, diese Zeit zu halbieren. Das Management gab dem Team völlige Freiheit seine Pläne umzusetzen und stellte finanzielle Mittel zur Verfügung. Die wichtigsten Rahmenbedingungen für das Team waren: Die Qualität des Endproduktes muss selbstverständlich weiter gewährleistet sein; die Arbeitssicherheit muss gleich bleiben oder sich verbessern; die Fertigungsanlage muss nach der Reinigung mindestens so sauber sein wie vor der SGA. Dieser Ansatz war einmalig für Nutricia Zoetermeer: Das Team hatte die Kontrolle sowohl über die Ausführung, als auch über die Finanzierung. Eine finanzielle Rahmenbedingung wurde dennoch gesetzt: das Management legte fest, dass die Investitionen abhängig vom Ertrag der zusätzlichen Produktionen zu sehen sind, die nach Umsetzung der Maßnahmen produziert werden können. Das bedeutete, dass das Team ein Budget von bis zu 180.000 Euro zur Verfügung hatte.

Analyse und Lösungen
Der Verbesserungsprozess orientierte sich an den acht Schritten des Verbesserungszyklus. Um herauszufinden, warum das Reinigen so lange dauert, wurden die Aktivitäten während der Reinigung akribisch untersucht und detailliert gefilmt. Dann wurde der komplette Film vom Team analysiert. Alle Aktivitäten

während der Reinigung wurden dann in ein Pareto-Diagramm übertragen. Das Diagramm zeigte genau, welche Arbeiten die meiste Zeit in Anspruch nahmen:
- Reinigung der Schienen
- Technische Wartung und
- Chemische Reinigung

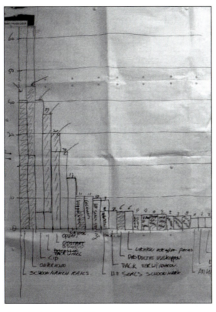

Abb. 11: Pareto-Diagramm der zeitintensivsten Arbeiten der Reinigung

Das Team begann für jede dieser drei Tätigkeiten nach den Hauptursachen zu suchen.
Es entdeckte bald eine Anzahl von Ursachen und entschied sich daraufhin, sie in der Reihenfolge der Wichtigkeit in Angriff zu nehmen. Die Auflage der Maschine, deren Reinigung eine lange Zeit in Anspruch nimmt, da sie aus verschiedenen Einzelteilen besteht, wurde durch eine aus rostfreiem Edelstahl ersetzt. Der automatische Reinigungsdurchlauf wurde durch eine Modifikation der Software von 42 auf 30 Minuten reduziert, ohne die Qualität zu verschlechtern. Die tägliche Wartung wurde durch die Nutzung eines zweiten Werkzeugsatzes beträchtlich verkürzt. Bis dahin gab es nur einen Werkzeugsatz, der während der Wartung gereinigt werden musste. Durch den zweiten Satz kann der Mechaniker den neuen Werkzeugsatz sofort einbauen. Der ausgebaute Satz kann dann außerhalb

des Wartungsvorgangs gereinigt werden. Zusammen mit der Anschaffung weiterer Kleinteile führte diese Modifikation zum gewünschten Resultat. Messungen zeigten, dass der Reinigungszyklus jetzt 55 Minuten dauert. Das bedeutet den Gewinn von mehr als einer Stunde Produktionszeit.

Anleitungsfilm und Standardisierung

Allerdings bedingen diese Veränderungen und Neuerungen eine Veränderung der Reinigungsmethode. Das Team musste sich deshalb einen Weg überlegen, wie es den Kollegen zeigen konnte, wie die Reinigung zukünftig durchzuführen ist. Um dieses Ziel zu erreichen, entschied sich das Team für einen kurzen Anleitungsfilm. Die Teammitglieder drehten den Film selbst. Das Resultat war eine eindeutige, auch unterhaltsame Darstellung. Neben dem Anleitungsfilm, wurde der neue Ablauf mit einem Satz von Arbeitsanweisungen standardisiert, so dass jeder die einzelnen Schritte des Reinigungsablaufes nachvollziehen und identisch ausführen konnte. Das Team erwartete zunächst Widerspruch aus den anderen Schichtteams. Die Anleitungen waren allerdings so eindeutig und die Ergebnisse so gut, dass keine Gegenstimmen laut wurden.
Die neuen Vorgaben enthielten darüber hinaus Zeitvorgaben. Es wird sofort aufgezeigt, wenn die Reinigung länger als 55 Minuten dauert. Der Bediener kann direkt nach der Ursache suchen und sie abstellen.

Ergebnisse und Kosten

Das SGA-Team erreichte letztendlich eine Zeiteinsparung von einer Stunde. Das heißt, dass das selbst gesteckte Ziel erreicht wurde. Die Investition die am Ende benötigt wurde um das Ziel zu erreichen, betrug nicht mehr als 25.000 Euro. Das heißt, die erzielte Verbesserung liegt deutlich innerhalb des festgesetzten Budgets.

Kurz: Eine erfolgreiche SGA!

6.2 St. Elisabeth Hospital bewältigt postoperative Beschwerden
By: Corrie van den Hoek

Das St. Elisabeth ist ein großes Allgemeinkrankenhaus in Tilburg, Niederlande. Wichtige Ansatzpunkte für Verbesserungen sind die Patientensicherheit und die Patientenlogistik. Das St. Elisabeth ist eines von acht Krankenhäusern, die am nationalen Aktionsprogramm „Schnellere Genesung" teilnehmen. Dieses Programm organisiert und unterstützt nationale Verbesserungsprojekte im Pflegesektor. Krankenhäuser wählen Teilbereiche aus dem Programm aus, die mit ihrer eigenen Situation übereinstimmen.

Das Projekt "Schmerzbehandlung nach der Operation" war eines der Prioritäten am St. Elisabeth. Was war das Problem? Die herrschende Meinung, dass „Schmerzen in einem Krankenhaus normal seien" brauchte eine kulturelle Veränderung.

Postoperative Beschwerden sind (nicht) normal
Eine SGA um eine kulturelle Veränderung einzuleiten? Den Mitarbeitern wurde die Chance gegeben, den eigenen Arbeitsablauf zu verbessern. Dies erzeugt Offenheit für unterschiedliche Sichtweisen und Arbeitsmethoden. Am St. Elisabeth wurde ein fächerübergreifendes Team von Anästhesisten, Orthopäden, Neurologen und Chirurgen zusammengestellt, die sich alle mit postoperativen Beschwerden befassten.
Neu dabei war die fachübergreifende Zusammenarbeit für ein gemeinsames Ziel. Bis dato hatte jede Abteilung ihr eigenes System. Das Verbesserungsteam erhielt keine finanziellen Mittel, musste aber den wichtigsten Motivationsgrund für eine Verbesserung mitbringen: Ehrgeiz und Enthusiasmus.

Schmerz kann gemessen werden
Als Basis wurde ein komplett neuer Ansatz zum Umgang mit postoperativen Schmerzen gewählt. Aber wie konnte das in eine konkrete Zielvereinbarung übersetzt werden? Postoperative Schmerzen wurden bis zu diesem Zeitpunkt nicht klassifiziert. Der erste Schritt war, diese zu messen. Die Patienten wurden

Abb. 12: Die Schmerzskala des St. Elisabeth Krankenhauses

aufgefordert, den Grad ihrer Schmerzen anzugeben. Dabei konnten sie unter 10 Ausprägungen wählen. Der maximale Wert war 10. Im Allgemeinen wird ein Schmerzwert ≤ 4 als „akzeptabel" angesehen.

Schließlich wurde ein SMART Ziel formuliert: Bis 1. November 2005 erreichen 80% der Patienten von Neurologie, Chirurgie und Orthopädie innerhalb der ersten drei Tage nach einer Operation einen durchschnittlichen Schmerzwert ≤ 4.

Das Ergebnis der ersten Messung hat dem Verbesserungsteam die Augen geöffnet. Die Patienten litten an größeren Schmerzen als erwartet. Dies führte zu einem Durchbruch: Das existierende Konzept zur Schmerzbehandlung war inakzeptabel. Die gängige Methode „Schmerzmittel nur wenn nötig" gewährte den Abteilungen einen viel zu großen Handlungsspielraum, wie sie damit umgingen. Der gemeinsame Fokus wurde reduziert auf die Schmerzminderung durch:
- Differenzierte Behandlung (mehr Schmerzmanagement, die Benutzung von PCA-Pumpen, bei denen der Patient per Knopfdruck selbstständig kleine Dosen von Schmerzmitteln einfließen lassen kann)
- Neue fachbereichsübergreifende Vereinbarungen (Schmerzmessung, Einhaltung der Vorschriften)

Standardisierung
Dank der aus der Verbesserung resultierenden Arbeitsmethode hat sich in allen beteiligten Abteilungen eine Eigentümerschaft (Ownership) für das Problem entwickelt. Die Messergebnisse zeigen was besser gemacht werden kann. Eine wiederholte postoperative Schmerzmessung ist jetzt für alle Patienten Standard, nicht allein zur Dokumentation der Schmerzen, sondern um sie zu erkennen und eine geeignete

Schmerzmedikation einzuleiten. Der Sachstandsbericht zur Schmerzmessung wird weiter geführt. Das erweitert die Datenbasis für weitere Verbesserungen, z. B. das Verfeinern der Schmerzbehandlung bei bestimmten Operationsarten.
Diese neue Arbeitsmethode wurde verbindlich festgelegt. Das Personal der Anästhesie bietet regelmäßige Auffrischungskurse für die Stationsschwestern an. Um Patienten, denen eine Operation bevorsteht, aktiv einzubinden, wurde eine Broschüre ausgearbeitet.

Nicht 80%, sondern 96%
Das Ergebnis am 1. April 2006 zeigte, dass nicht 80% sondern 96%(!) der Patienten von Neurologie, Chirurgie und Orthopädie innerhalb der ersten drei Tage nach einer Operation einen durchschnittlichen Schmerzwert ≤ 4 angaben. Das traf die Ansprüche von St. Elisabeth: „Man kann das Befinden von 80% der Patienten verbessern, wenn aber weiterhin 20% der Patienten an großen Schmerzen leiden, ist das nicht akzeptabel. Weitere Abteilungen haben sich der Vorgehensweise angeschlossen, denn „dieses Problem muss auch in unserem Fachbereich angegangen werden". Der Ehrgeiz, die verbesserte Arbeitsmethode zu verfeinern und zu verbreiten ist der nächste Punkt auf der Agenda des St. Elisabeth Krankenhauses in Tilburg. Durch die Auseinandersetzung mit postoperativen Beschwerden wird eine Steigerung des Wohlbefindens und der Zufriedenheit der Patienten erwartet. Dies soll den Genesungs- und Heilungsprozess begünstigen, die Anzahl von Komplikationen und die Verweildauer im Krankenhaus reduzieren.

Anhang 1: Brainstorming

Beschreibung:
Brainstorming ist eine Methode ein Problem zu analysieren und kreative Lösungen zu erarbeiten.

Rahmenbedingungen:
Die Effektivität eines Brainstormings wird durch folgende Rahmenbedingungen bestimmt:
- Vier bis sieben Teilnehmer
- Ein definiertes Ziel
- Ein definiertes Verfahren
- Ein Leiter, der die Einhaltung des Ablaufs und die Zielerreichung kontrolliert

Arbeitsmethode:
1. Zunächst werden, wenn notwendig die Regeln erklärt:
   - Kurze Antworten geben
   - Nicht in Details verstricken
   - Keine Kritik an Vorschlägen, auch nicht bei Wiederholungen
   - Es gibt keine schlechten Vorschläge
   - Die Teilnehmer sprechen in einer festgelegten Reihenfolge, auslassen ist erlaubt
   - Jeder schreibt seine eigenen Ideen auf
2. Ein Protokollant wird eingesetzt, ein Flip-Chart benutzt
3. Fragen werden gestellt, zur Beantwortung Denkpausen gewährt
4. Nach dem ersten Antwortblock wird eine zusätzliche Pause zum Nachdenken gegeben. Die kreativsten Ideen entstehen erfahrungsgemäß in der zweiten Runde.
5. Die Brainstormingsitzung wird beendet, wenn keine neuen Ideen mehr aufkommen.
6. Die Teilnehmer sollen ihre Ideen erklären, Wiederholungen und Absurditäten werden gestrichen.

Ergebnis:
Eine Liste möglicher Probleme oder Lösungen

Anhang 2: Pareto - Diagramm

Beschreibung:
Ein Pareto - Diagramm listet Probleme oder Ursachen nach Wichtigkeit absteigend sortiert auf.

Arbeitsmethode:
1. In einer Liste werden die Daten absteigend nach Ausmaß oder Menge klassifiziert. Weniger relevante Daten werden unter „Diverses" zusammengefasst.
2. Dann wird der Prozentanteil der Klasse errechnet.
3. Ein Rechteck wird gezeichnet, mit Platz für die Kategorien entlang der Horizontalachse. Die Größe der linken Vertikalachse entspricht der Summe der Ausprägungen der Klassen. Die rechte Vertikalachse reicht von 1 – 100%
4. Nun werden die Werte der Größe nach von links nach rechts geordnet in Säulen dargestellt.
5. Mit einer Linie werden die akkumulierten Prozentwerte eingetragen.
6. Durch eine aussagefähige Beschriftung wird das Diagramm selbsterklärend.

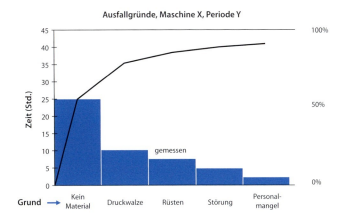

Beispiel eines Pareto - Diagramms

Ergebnis:
Aus den möglichen Ursachen eines Problems werden die herausgefiltert, die den größten Einfluss haben. Das Ergebnis dient zur Festlegung von Prioritäten oder der Entscheidungsfindung.

Anhang 3: 5W-Analyse

Beschreibung:
Mit Hilfe der 5W - Analyse wird die Hauptursache eines Problems identifiziert.

Anwendung:
Die Technik wird angewandt, wenn ein Problem untersucht wird. Durch fünfmaliges Fragen von „WARUM" kann aus den Antworten möglicherweise auf die Grundursachen des Problems geschlossen werden. Das Austesten der gefundenen Lösungen führt zur Evaluierung der Hauptursachen.

Arbeitsmethode:

Schritt 1: Das Problem wird beschrieben: (Was läuft schief mit welchen Parametern?)

Schritt 2: Die Frage WARUM wird gestellt, um eine mögliche Ursache zu erkennen.

Schritt 3: Die mögliche Ursache wird in der entsprechenden Spalte notiert. (W1 = 1. Warum)

Schritt 4: Die Ursachen werden in Abhängigkeit zur Problemspezifikationen beurteilt oder praktisch getestet.

Wenn das Ergebnis des Testes „Wahr" ist, dann...
- Wird ein ✔ in die Spalte Test (für „wahr") gesetzt
- Gehe zu Schritt 5

Wenn das Ergebnis des Tests „Nicht wahr" ist, dann...
- Wird ein ✗ in die Spalte Test geschrieben
- Gehe zurück zu Schritt 2

Schritt 5: Die Schritte 2 bis 4 werden mindestens fünfmal wiederholt

Beispiel einer 5W-Analyse: Das Auto startet nicht.

W1	T	W2	T	W3	T	W4	T	W5	T
Batterie leer	✘								
Anlasser defekt	✔	Kurzschluss	✔	Wasser	✔	Dichtung defekt	✔	falsch montiert	✔
		verschlissen	✘						

Beispiel einer 5W-Analyse: Das Auto startet nicht.

Anhang 4: Fischgrätendiagramm

Beschreibung:
Mit einem Fischgrätendiagramm (auch Ursachen-Wirkungs-Diagramm oder Ishikawa-Diagramm) kann ein Problem analysiert werden, indem aus den Ergebnissen eines Brainstormings alle möglichen Hauptursachen dargestellt werden.

Arbeitsmethode
Schritt 1: Das Problem wird definiert.
Schritt 2: Ein Brainstorming wird durchgeführt.
Schritt 3: Ein Diagramm mit den „4Ms" wird erstellt. Weitere wichtige Gruppen können später noch hinzugefügt werden. Dafür ist ausreichend Platz zu lassen!

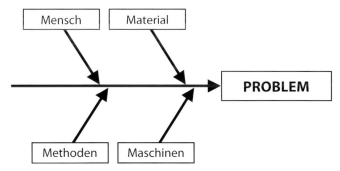

Schritt 4: Die Ergebnisse aus dem Brainstorming werden in das Diagramm eingetragen. Dabei sind die eigentlichen Ursachen aus der 5W – Analyse zu verwenden.

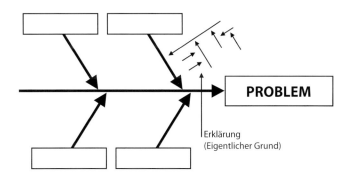

Schritt 5: Gemeinsamkeiten werden untersucht und die wahrscheinlichsten Ursachen eingekreist.

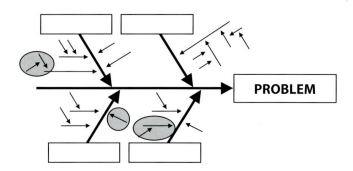

Schritt 6: Die ausgewählten Ursachen werden untersucht.

Tipp 1! Überprüfe die Logik.
- *„WARUM" vom Problem zur Ursache;*
- *„WEIL" von der Ursache zum Problem*

Tipp 2! Benutze das 5W - Diagramm zur schnellen Protokollierung der Analyse

Anhang 5: Das Flussdiagramm

Beschreibung:
Das Flussdiagramm ist eine bildliche Darstellung eines Prozesses.

Arbeitsmethode:
1. Der Prozess wird definiert. Anfang und Ende werden festgelegt.
2. Alle Aktivitäten, Aktionen und Entscheidungen werden aufgelistet.
3. Die Komponenten des Prozesses werden in die richtige Reihenfolge gebracht.
4. Jeder der Komponenten wird das entsprechende Symbol (siehe unten) zugeordnet und ein Flussdiagramm erstellt.

5. Die Ablaufreihenfolge wird durch Pfeile gekennzeichnet. Ein Sprung im Prozess kann durch einen „Connector" verdeutlicht werden (siehe unten). Der Prozess wird dann an anderer Stelle oder auf der nächsten Seite fortgesetzt.

Bindeglieder

Ergebnis:
Das Flussdiagramm erlaubt einen Einblick in den Prozess und unterstützt Analyse und Kommunikation.

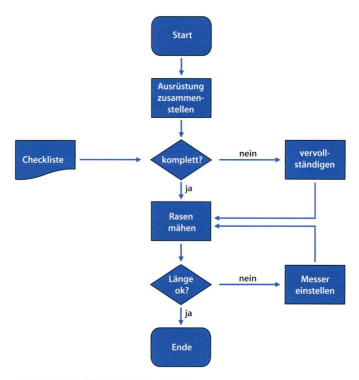

Beispiel eines Flussdiagramms: Rasenmähen

Anhang 6: Die Karteikarte

Beschreibung:
Eine Karteikarte ist eine Art, Daten systematisch zu erfassen. Das Sammeln von Daten ermöglicht es Bewertungen, Vorschläge und Entscheidungen mit Fakten zu belegen.

Arten von Karteikarten:
1. Karteikarte zum Erfassen von Zahlen oder Messergebnissen
2. Checkliste zur Überwachung von Maßnahmen
3. Fehlersammelkarte zur Lokalisierung von Informationen

Um Karten zu entwerfen sind folgende Fragen zu beantworten:
- Wer sammelt die Daten?
- Welche Daten müssen gesammelt/gemessen werden?
- Wann müssen die Daten gesammelt werden?
- Wie viele Daten sind notwendig?
- Wie erfolgt die Datensammlung?
- Wie soll die Karte ausgefüllt werden?
- Welchen Zweck soll die Karte erfüllen?

Anforderungen, die eine Karteikarte erfüllen muss
- Eindeutigkeit: Die Karteikarte darf nur eine Interpretation zulassen
- Leicht nachvollziehbar: Die Karte sollte nicht zu viele Informationen enthalten und muss klar und übersichtlich sein.
- Objektiv: Beim Ausfüllen dürfen keine individuellen Interpretationen möglich sein.
- Keine Möglichkeit zum gegenseitigem Abgleich: Vergleiche zwischen Benutzern können zur gegenseitigen Beeinflussung führen.
- Einfach: Die Karte muss leicht auszufüllen sein
- Eindeutige Überschrift und Erklärung

Anhang 7: Diagramme

Beschreibung:
Ein Diagramm ist eine „Übersetzung" von Daten in eine Form, die es möglich macht, eine Situation schnell und eindeutig zu erfassen.

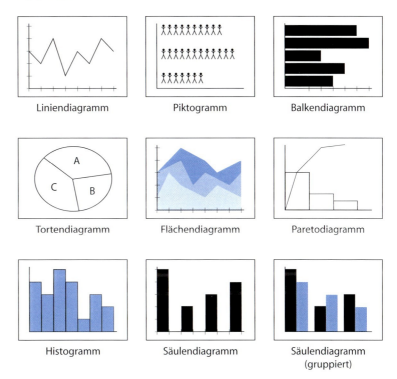

Beispiele verbreiteter Diagrammarten

Leistungsmerkmale einer guten Grafik
- Passt zur Zielgruppe
- Benötigt wenig oder keine Erklärung
- Bestimmt den Weg um Probleme anzugehen
- Lässt nur eine Interpretation zu
- Macht das Wesentliche einer Aussage deutlich
- Ist ansprechend gestaltet
- Gibt eine eindeutige Zusammenfassung der Daten

Anhang 8: Ist / Ist nicht

Beschreibung:
Die Ist / Ist nicht Methode wird dazu benutzt, ein Problem zu spezifizieren.

Anwendung:
Mögliche Ursachen eines Problems werden in Abhängigkeit zu ihrer Spezifikation getestet, um sie zu bestätigen oder auszuschließen. Die Spezifikation wird auch verwendet um auszutesten, zu welchem Ergebnis eine ausgewählte Lösung führt.

Arbeitsmethode:

IST Situation: Beschreibt die aktuellen Eigenschaften des Problems.

IST NICHT-Situation: Beschreibt die Eigenschaften des Problems, die nicht vorhanden sind, aber hätten auftreten können.

	IST	IST NICHT (Wo sonst kann man es vermuten, wo es aber nicht ist)
Was *(Was ist es, was ist es nicht)*	**Was** (Welche Sache, Komponente, Maschine) hat ein Problem? **Was** läuft falsch (ist defekt)?	**Was** könnte noch fehlerhaft sein? **Was** könnte noch falsch laufen?
Wo *(Wo genau tritt es auf, wo nicht)*	**Wo** trat das Problem erstmals auf? **Wo** genau liegt der Fehler? **Wo** im Prozess / Zyklus wurde das Problem erstmals entdeckt?	**Wo** könnte es noch aufgetreten sein? **Wo** könnte der Fehler noch liegen? **Wo** sonst könnten wir das Problem noch entdecken?
Wann *(Wann tritt es auf, wann nicht)*	**Wann** wurde das Problem zum ersten Mal bemerkt?	**Wann** hätte das Problem noch bemerkt werden können?

	IST	IST NICHT
Wann *(fortgesetzt)*	**Wann** trat es noch mal auf?	**Wann** hätte das Problem seitdem noch bemerkt werden können? **Wann** könnte der Ausfall noch auftreten?
Wie	**Wie** stark ist das Objekt beschädigt? **Wie** entwickelt sich das Problem (schlechter, gleich, besser)?	**Wie** stark könnte es noch beschädigt sein? **Wie** entwickelt sich das Problem nicht?
Wie viele	**Wie viele** Projekte haben das gleiche Problem? **Wie viele** Mängel treten bei einem Projekt auf?	**Wie viele** Projekte könnten noch betroffen sein? **Wie viele** Mängel könnten es noch sein?

Stichwortregister

Abläufe, Veränderung der	22
Ausfallsicherheit	45
Basiswerkzeuge	36
Check-Phase	13
Do-Phase	13
Eigentümerschaft	10
Einführungsplan	40
FMEA	40
Fragen, detaillierte	49
GLCPPG Modell	17
Grundursache	33
Gruppengröße, ideale	16
Hypothese	39
„Ist/Ist nicht" Analyse	32
Kommunikation	47
Kriterien	38
Lösungen ablehnen	42
Öffentliche Verwaltung	14
OPL	45
Optimierungskreislauf	12
PDCA-Kreis	12/27
Pflegesektor	14
Plan-Phase	13
Problem, Identifikation mit dem	22
Projektplan	22
Pseudolösungen	11
Radstruktur	20
Rahmenbedingungen	22
Rhythmus	29
Ringelmann	15
Risikobewertung	39
Schlusspräsentation	48
SGA	9
SGA-Booster	30
SGA-Leiter	17
SMART	31
Sternstruktur	19
Symptomen, Behandlung von	11
Teamabsprache	21

Teamergebnis	49
Teamzusammenstellung	23
Thema auswählen	28
Umsetzung, Fortschritt der	42
Unzureichendes Ergebnis	43
Visuelle Hilfsmittel	45
Visuelle Signale	45
WBE-Modell	34
Werkzeugen, Nutzung von	20